Fritz Heinrich Lotterfuchs

Sadisten sagen immer die Wahrheit und wahr

*Philosophischer Minimalismus
oder literarische Blitzmystik?*

FRITZ HEINRICH LOTTERFUCHS

Sadisten sagen immer die Wahrheit und wahr

Philosophischer Minimalismus oder literarische Blitzmystik?

Books on Demand

Bibliographische Information Der Deutschen Bibliothek:
Die Deutsche Bibliothek verzeichnet diese Publikation
in der Deutschen Nationalbibliographie; detaillierte
bibliographische Daten sind im Internet abrufbar über
http:// dnb.ddb.de

2. überarbeitete und erweiterte Auflage

Herstellung und Verlag :
BoD – Books on Demand, Norderstedt

Gedruckt auf alterungsbeständigem Papier
(holz- und säurefrei)

Umschlaggestaltung : Elsbeth Krawuttke

Printed in Germany

ISBN 978-3-7528-5793-1

Inhaltsverzeichnis

Meiner Familie gewidmet

Silver sentences aus Untertagebüchern

Begriffe sind Angreifer, die ihre (über)griffigen
Objekte als handgreifliche Angreifer erfassen.

Subjektivität ist die objektivste Tatsache an uns
und Sachlichkeit die persönlichste.

Ich habe eine Uhr, aber keine Zeit,
und manchmal auch umgekehrt.

Viel Schönes ist Schlimmes
auf höchstem Niveau.

Deine lieben Toten kommen nicht wieder zu dir,
doch endlich zu sich und zur Ur-Sache.

Der alte Heide dachte an nichts,
der junge Heidegger ans Nichts.

Wir wissen mehr vom Leben als vom Tod,
Forscher mehr von Totem als von sich.

Nicht blühendes oder rauschendes Leben ist es,
das uns den (See-)Blick aufs Ableben verstellt.

Meine Philosophie beginnt und schließt mit
jedem (Gegen)Satz und grundsätzlich nicht
mit Grundsätzen.

Die Hölle ist die Verlustangst im Paradies.

Aus dem Paradies wird man nicht gleich in die
Hölle vertrieben, wo die Erde als Himmel winkt.

Sei lieb, dann wirst du geliebt
oder wenigstens beliebt!

Wer führt ein Leben, das nicht zu nichts führt?

Rede zu dir von mir, nicht zu mir von dir!

Meine tote Geliebte kommt nie wieder,
doch ihr verhasster Tod immer wieder.

Tu im ganzen Leben nichts, sag in jedem Satz
alles, sieh in keinem (Augen-)Blick dich ein!

Nur Erbärmlichste werden nicht erbarmungslos.

Der Teufel betet am lautesten und ist dir nie böse

Ein fester Begriff schlägt alles zu Fliegen
mit seiner großen Klappe.

Man lässt Frauen den Vortritt. Sie wollen und
sollen endlich ganz vorn sein – an der Kriegs-
front. First Ladies or ladies first for fire!

Wieder zur Sache und zurück zum Widersacher!

Wo Friede herrscht, da herrscht Totenstille,
als hätte man seine Feinde alle erschlagen.

Frauen als Firmenfürsten : First Lady first
and working women last.

„Die Ersten werden die Letzten und die Letzten
die Ersten sein", die verletzt werden.

Von Dummen gewählt, doch nicht zu doof,
sie zu reg(ul)ieren?

Dass man geht, das geht nicht : Ist es undenkbar,
dass es keine oder nur noch Nachdenkliche gibt?

Ein Bonmot ist ein Cliffhanger fürs nächste.

Bonbonmotor. Dreidimensionale Dinge werfen
zweidimensionale Schatten, vierdimensionale
Schatten aber dreidimensionale Dinge?

Schuf der Mensch weltschaffende Götter
nach seinem Bilde, ist er Gottes Ebenbild.

Aus der Arbeiterklasse kommt mal ein Individuum, aus diversifizierten Bürgern nur die Masse.

Die *Postmoderne* ahmt Atombomben nach,
sie verdampft die Welt.

Goethe glaubte, er dürfe im Jenseits weiter-
machen, wenn er über den Tod hinausplane.

Wären wir besser, würde alles besser mit besse-
rer Technik. Wird die Technik besser, haben wir
bösartigen Tiere bessere Mittel, bösartig zu sein.

Erfüllen und enthüllen auch und gerade
alle freien Lebensentscheidungen am Ende
nur dein anfänglich verborgenes Schicksal?

Die zu (geist)reich waren, US-Präsident Trump
zu wählen, schufen jene Armen, die ihn wählten.

Der Mensch ist gut. Im Unrechttun(lassen).

Der Zweite ist oft der Zweitbeste,
der Erste aber der Erstbeste.

Je weniger Armut,
desto grösser der Reichtum der anderen.

Der Staat gibt den Armen das Doppelte,
um das auch den Reichen zu geben.

Ist der arme Teufel ein ganzer Kerl,
muss der liebe Gott keine gnädige Frau sein.

Krach wird meist zu schön gefunden,
wenn er mit Pop-Musik verbunden.

Die mit zu vielen und die mit zu wenigen
Wünschen verwünschen einander.

„Macht euch die Erde untertan":
Tut sie euch unter die Wanderschuhe!

Kafka sah in jeder schlichten Geradlinigkeit
den unentrinnbaren Teufelskreis.

Überwindung : Nietzsches Hirnwindung.

Auf die eigene Tarnkappe
nimmt man seine Narrenkappe.

Geistesblitze sind (aus größeren Clouds
herauslösbar als) gute Aphorismen.

Wie viele Bücher muss man lesen,
um zu wissen, welche man besser nicht liest?

Auch Aphorismen kritisieren nichts durch Engagement, sondern alles durch ihre Existenz.

Kunst : gesellschaftsfähige Asozialität.

Nur metaphoristische Selbstkritik transzendiert noch metaphysisch ohne Metaphern.

Theorie − Oasis − Eros : Voyeuristische Schau.

Feile an aphoristischen Schlüsseln zu Sicherheitsschlössern von Luft- und Lustschlössern!

Der Aphorismus gibt Klügeren selten nach.

Wer nicht frei, ist ledig, doch keiner Fesseln.

Schopenhauer dachte, dass Kant den guten und freien *Willen* jedes Mitmenschen (samt seines eigenen) als *Ding an sich* zwar theoretisch nicht erkennen könne, aber praktisch anerkennen müsse. Nur hielt er den festen Willen (des biologischen Hirns) empirisch wie transzendental für ebenso unfrei wie jeder Hirnforscher heute.

Jeder hat das Recht auf Zurückgebliebensein, aber kaum Recht auf dessen Gleichwertigkeit.

Nur Hochkultur ist Kultur, Popkultur ist Handwerk, Kunstgewerbe oder Ideologie.

Ob Trauer oder Freuden, Tränen in den Augen sind die besseren Brillen.

W. F. Graf glaubt in "Kirchendämmerung" (München 2013) an ungläubige Theologen: sie würden sonst Seine Rache fürchten.

Aphoristiker suchen ihre blinden Flecken zu sehen und richten (sich an) Leser, aber nichts aus und nur Leibgerichte an.

Auch kleinen Fischen fallen die Schuppen auf die Augen.

Was mit Klagelaut beginnt, wächst sich zum Urteil aus und schließt mit Entschlüssen.

Man entlarvt sich im anderen mehr als den anderen in sich.

Der dünnhäutigste Aphorismus trifft vorbei und haut hin − und her.

In der Jugend hatte ich viel mit einem Sartre zu tun, der wenig mit mir zu tun hatte.

Adam Smith machte Larochefoucaulds *amour-propre* zum konkurrierenden Selbsterhaltungstrieb des kapitalistischen Wirtschaftsliberalismus

Adorno. Es gibt viel falsches Leben im richtigen.

Erledigt wirkt lediglich, wer alles oder nichts erledigt hat.

Schopenhauer? Die Bösen kommen nicht in die Hölle, und die Guten sind schon in der Hölle.

Manchmal träumt mir, ich hätte einen Alptraum, aus dem ich (in einen schöneren) erwache.

Macht sich die Hände nicht auch schmutzig, wer sie in den Schoß legt?

Die Wahrheit befreit – nur von anderer.

Alkohohlkopf by alcoholidays. Esprit 2000:
Spiritualität als Spiritismus aus Spirituosen.

Jeder kleinste Satz sucht das Weite(re),
der lautere Aufsatz den leiseren Wohllaut.

Wer nichts und niemanden schlecht macht
und lächerlich, hat sicher gut lachen.

Aphorismen epochen auf ihr Recht : Der ganze
Mensch, die ganze Welt in Scherben(gerichten).

Man würde wohl gern häufiger in sich gehen,
aber dort ist ja nichts, und was soll man dort,
um alles in der Welt?

Der Ewige spielt sein einsames Solo und lädt
uns ein zum konzertanten Mitspielen, zu „himm-
lischer Sphärenmusik" mit Engelschören. Disso-
nante Misstöne oder Polyphonien mit Kontrapunkt? Die „Superstrings" (Susys) schwingen
subatomar mit. Und jede „Stimme" zählt …

Übergewicht setzt sich gegen „Hungerhaken"
gern in Adipositur.

Demut ist die Maßlosigkeit der Bescheidenen.

Heideggers *Suum cuique* : Jedem *le sein*!

Wer nimmt mit „Brot!"
schon Brot in den Mund?

Die nüchterne Welt treibt zum Trinken,
doch (Be)Trunkene wirken ernüchternd.

Gold(farb)ene Mischung

Zwei Sprüche folgen *auf*einander, nicht *aus*einander,
und errate zwischen beiden den Einspruch der Welt!

Kurze Sprüche machen Hals über Kopf
um mindestens einen Kopf länger.

Die längste Leitung hat der Leser
des kürzesten Spruchs.

Der Leser mag es nicht, „so ganz streng in Zucht genommen zu werden : er verliert die Lust am Lesen, wenn
ihm überall nur Bärenernst begegnet. Das ist der Grund,
weshalb ich in jedes Buch einige Kalauer aufnehme,
Wortspiele, Spielereien, auch harmlose Sprachwitze, die
ich einzeln nicht verteidigen könnte. Sie gereichen mir
nicht alle zur Ehre, aber sie lockern auf. In gleicher Ab-
sicht nehme ich auch ,Didaktisches' und ,Eindimensiona-
les' auf, es sind – nicht Erbaulichkeiten, aber Zusprüche,
Regeln und Verhaltensweisen, die man leicht vergisst und
umso leichter übergeht. Wo soll man sie aber sonst finden?" (*Elazar Benyoetz* an Friedemann Spicker, 26. 06.
2001, In : „Die Rede geht im Schweigen vor Anker /
Aphorismen und Briefe", Bochum 2007, S. 82)

Und S. Mallarmé fügte seiner Lyrik gern noch
einige „anmutige Ungenauigkeiten" hinzu.

Georg Christoph Lichtenberg : „Ich glaube, dass es im strengsten Verstand für den Menschen nur eine einzige Wissenschaft gibt, und dieses ist reine Mathematik" — also formale Logik.

„Ein Mann von guter Gesundheit will stets Krieg." *(Henry de Montherlant)* „Ich liebe den Krieg, der meine schönsten Freunde verschlang." *(Jean Genet)* „Es gibt Orte, wo der Geist stirbt, damit eine Wahrheit geboren wird, die seine Negation selber ist." *(Albert Camus)* Heideggers „Entschlossenheit" zur nationalen Arbeiterpartei und Sartres Dezisionismus der verabsolutierten Tat, Engagement für Sozialismus als humanistisch verbrämter Militärdiktatur, *Eid* und *Terror-Brüderlichkeit* militanter Gruppen, irrationales Lebensgefühl, intellektueller Antiintellektualismus, Gewalt als Praxis der Menschenliebe und anarchistische Sozialromantik abstrakter Revolten.

Seid so vernünftig, verrückt zu spielen,
und so irre, Vernunft anzunehmen!

Könnte ich schreiben, schriebe ich besser als ihr

Wer nicht gut (genug) poppen kann,
muss lieber shoppen gehen.

Viele treffen eine existenzielle Entscheidung
für ein möglichst nichtexistierendes Dasein.

Durch Nutzen wird man dumm, durch
Dachschaden wird der Schädel schädlich.

Wer den Mehrwert entehrt, ist seinen Kampf-
und Spottpreis nicht wert.

Schlechte Kerle werfen sich statt ihre gute Perle
vor die Säue auf die Knie.

Wer am Galgen humort, der jammert
im Himmel, den jammert der Himmel.

Kein Mensch denkt, kein Gott lenkt ein.

Jetzt geht´s rund im ewigen Kreislauf der Welt.

Gewinnt, ja − das Verlieren lieb!

Der Glaube versetzt oft Schuldberge nach Sinai.

Zu viele finden, dass sie zu wenig finden
und zu viel gesucht und abgesucht werden.

Verliert die Marionette den Faden, verfällt sie
auf missfallsüchtige Einfälle : *Aphorismen*.

Selbstkritik stinkt nach Eigenlob und -liebe.

Aufrechter Kirchgang aus dem Paradies
ist aller Fernlaster Anfang.

Ein Man, ein Schlagwort:
Lieber nichts als gar nichts!

Aphorismen haben kurze Verstand-
und Wortspielbeine.

Für Todfeinde baut man sich keine Luftkerker.

Die Erstbesten werden das Allerletzte sein.

Wer erst zuletzt lacht, wird als erster weinen.

Steht auf gutem Kriegsfuß mit dem Nächsten!

Bei Licht der Vernunft besehen ist es längst aus.

Man lässt sich immer nur die Sprache
durch den Kopf gehen.

Die Schlange im Paradies vertrieb uns
die Langeweile.

Bauern sind keine Kartoffelhelden.

Man kann nicht mal *einem* Selbstbeherrschten
dienen.

Wer sein eigener Herr ist, bedient sich selbst.

Tausend Bilder ersetzen heute *ein* Fremdwort.

Ich wasche mir die Füße in Unschuld
am Tret- und Trittbrett vorm Hinterm!

Gott ist der Kopf überm Dach überm Kopf.
Wer dran glauben muss, wird nie armselig.

Du hast einen Stein im Brett vor meinem Kopf,
und ich hab den Holzkopf vor deinem Brett.

Die Ausnahme betätigt die Regel
und wirft Getriebe in den Sand.

Geistige Arbeit macht Spaß, den keiner versteht, oder keinen Spaß, den jeder versteht.

Kindesalter schützt nicht vorm Himmelstor,
das nicht vorm ewigen Alten schützt.

Wer den Dachschaden hat und aufs Redefluss-
pferd setzt, spottet jeder Verschreibung.

Netzbeschmutz(tseh)er, lass dir nur nicht
die Butter vom Brot anderer nehmen!

Es bleibt selbst Sprücheklopfern unbekannt,
dass ich ein unbekannter Aphoristiker bin.

Der Übermut kommt vor dem Überfall
und der Einfall vor der geistigen Armut.

Man muss gegen seine Zeit vorgehend
mit ihr (ver)gehen.

Brennendes Feuer (verab)scheut das gelöschte
Kind und durchgebranntes Kind die Feuerwehr.

Voller Kopf studiert so wenig gern wie hohler.

Ruh´n hat wenigstens am wenigsten zu tun.

Seeleute sind fest auf Schiffen verankert.

Das Ausnehmen anderer bestätigt die Spielregel

Hüte dich vorm Schweinehund, den du hütest!

Alles fließt, rief Heraklit, in den Ausguss,
aber wer Aha! sagt, muss nicht BH sagen.

Liebe geht auch auf und durch den Magen
keinem am Arsch vorbei.

Der großen weiten Welt entgeht man
nur durch Reisen.

Wo ein Dienstweg ist, da ist auch ein Widerwille, wo ein guter Wille ist, auch ein Brems-
weg. Wo ein unfreier Wille ist, da ist auch
ein Hirnforscher auf seinem Irrweg.

Am beständigsten sind Fortschritte,
am beweglichsten die Standpunkte.

Sehet die Schwertlilien auf dem Schlachtfeld,
sie hauen nicht hin und stechen nicht ab!

„Mein ist die Sache, Mache und Lache,
dein ist die SpRache", sprach ich.

Sir, nehmen sie sich gedankenfreie Freiheit!

Alles geht nun wie am Schnürchen und jedem
schnurgerade über die Hutschnur.

Man geht mit der Hand durch die Wand
und mit dem Kopf durch den Einwand,
den man sich durch den Kopf gehen lässt.

In Wahrheit liegt Weinen in neuen Schläuchen.

Dass Schiffe sinken,
sieht man an Leseratten zuletzt.

Schweigen klappt, hat es Abscheuklappen
vor den Klippen großer Klappen.

Sprache, die sich immer kürzer fasst,
wird Sprüche voller Urteilchen.

Wahre Aussagen kennt man vom Sagenhören.

Man soll das Loblied nicht vor der Schmäh-
schrift und den Ehealltag noch vor der Liebes-
nacht und Verlobung loben.

Radikale Probleme wachsen uns unter den Fuß,
doch jung Ding will Kurzweil haben.

Aus und vor Elefanten im Porzellanladen
macht man die Mücke.

Der Vogel, den er hat,
fängt den Bücherwurm früher.

Fernsehen macht kurzsichtig, doch Politik
hat mit den Steuern das Steuer in der Hand.

Leute, geht unter – die Leute!

Geistvollste nehmen den Mund nie zu voll.

Unter Steppdecken steppt kein Steppenwolf.

Gehirnwäscher haben Waschbretter vorm Kopf.

Ganz Gott, ganz Mensch : Er machte sich
aus dem Staub, aus dem Er uns machte.

Dem Sein gibt`s Herr Heidegger im Beischlafe.

In tausend gesunden Körpern steckt
nur *ein* gesundes Volksempfinden.

Jeder hat eine andere Uniform
und dieselbe Individualität.

Man hat die Lebensqualität der Wahl der Qual.

Wo du hintrittst, wächst kein Gras mehr,
in das du beißen könntest.

Was Hänschen nie lernt, lehrt Hans oder Gretel.

Über den Kopf wachsen uns nur Kopflosigkeit
und Flachköpfe.

Der Klügere gibt nach – anderen nach.

Wer seliggesprochen wird, glaubt's.

Kann man denn aus wendiger Not
einen tüchtigen Laster machen?

Der Krieg ist der alte Vater aller neuen Dinge.
Ist Friede die Leihmutter der krummen Dinger?

Von Luft und Liebe kann man so wenig leben
wie ohne, sagt das Geld, das sich Liebe kauft.

Kein Absatz meines gestelzten Buches erhöht
auf dem Absatzmarkt meinen Schuhabsatz.

Was hab ich in deinem Herzen verloren
als meinen Verstand?

Metamorphosen sind vornehmere Suizide
mit eingebauter Wiederauferstehung.

Wo eine Ewigkeit (sich an uns) vergeht,
kommt Zeit, kommt Geld zur Unzeit.

Wer nicht (ver)handelt, wird behandelt.

Der gerade Dienstweg ist der kürzeste Weg
zum Stillstand, Widerstand und Ruhestand.

Wer die Wahl hat, sucht das Quallokal.

Halb begonnen ist frisch verzagt.

Ein Einsamer kommt selten allein.

Gegen Unkraut ist uns ein Sauerkraut
über den Kopf und Kehlkopf gewachsen.

Mancher entschuldigt sich wortreich
beim Stolperstein des Anstoßes.

Krüppel haben Rüffel und Knüppel
nicht nur gegen Rüpel.

Junge vernichten, Alte versteinern alles.

Satan ist stets böse, doch nie dir.

Darknet. Was vor Verbrechern schützt,
schützt auch Verbrecher.

Dank seines freien Willens ist man(cher) unfrei
und von seiner Freiheit zu sehr gefesselt.

Welche Geisteskrankheiten können Schicksals-
schläge und Krebs verhüten?

Dynamik. WiderStand gegen den Weltlauf
ist zu wenig aufrechter Gang und Lebenslauf.

Früher fand man sich selbst in Italien wieder,
das man nun besser in Gen-Italien findet.

Mancher revoltiert schon dagegen,
kein Marsmensch sein zu dürfen.

Manch gebranntes Menschenkind scheute schon
braune Augen und rote Haare und Hände.

Beweist schon Standvermögen,
wer nicht mehr weiter kann und weiß?

Langweilst du gern, um nicht zu lügen?

Utopisch : vorhersagenumwoben.

Wann entartete christlicher Sklavenaufstand
zu Herrenmoral und Herrenmode zu Jeanskluft?

Mancher nennt seine Frau „Bierchen"
und seinen Sherry „Chérie".

Kunst wurde erfolgreich wegsubventioniert.

Was baden geht, hat sich noch nicht gewaschen.

Sind Tiere schon progressiv,
weil sie sich fortbewegen können?

Immer dieselben Aufstände, aber
immer originellere Traditionen!

Gesellschaft ertrage ich nur noch
allein im stillen Kämmerlein.

Wer sich dabei etwas vorstellen kann, kann
noch gar nichts verstanden und begriffen haben.

Kann das große Ganze nur halbwegs groß sein?

Sintflut und Verwüstung helfen gegeneinander.

Wer hat den Ellbogen als Triumphbogen raus?

Technik denkt immer positiv(istisch).

Hält die Uniform eher den Inhalt
oder der Inhalt die Uniform aus?

Hat Gott auch das Weltbild seiner Ebenbilder
und schützt er die Natur vor deren Naturell?

Blühende Landschaften gibt es vor und nach
blühenden Volks- und Landwirtschaften.

Geschichte wird ins Unreine geschrieben,
in die Hosen gemacht und in Köpfe diktiert.

Jeder ist nun zu einem Gewissen berechtigt
und zu einem eigenen Willen verpflichtet.

Aphorismen sind nicht weise, sondern gerissen
– aus dem gesellschaftlichen Zusammenhang.

Kinder denken über die Welt nach,
Große über Bücher darüber.

Centgänse & Eurofuchser. Roboter werden
spottbillig, weil selbstkritischer.

Scheinlebendige fürchten Scheintod noch mehr.

Essen Kannibalen nicht nur Kannibalen?

Sterben : Zurück zur totgerittenen Natur!

Auf Verstandesämtern scheiden sich die Geister

Es ist fünf vor zwölf. Gehen wir schlafen
oder tafeln?

Doppelleben ist halbherzig,
Halbwahrheit doppelt gemoppelt.

Revolution bringt weiße Westen auf schwarze
Listen und beendet die Evolution.

Naturwissenschaft lässt Mutter Natur
in Vermesser laufen.

Heilige Ochsen. Menschen sind die einzigen
Untiere, die sich auch dafür halten.

Verlassen die Leseratten das sinkende Schiff,
fährt es weiter.

Philosophie : Lebensfülle als Gedankenhülle
oder Gedankenfülle als Gefühlshülle?

Aphorismen sind kleine Sprüche,
die sich selten groß herumsprechen.

Man kann Muttersprache und Vaterland zugleich pflegen, um Menschenkinder zu machen

Gotteshäuser kollabieren wie Kartenhäuser:
umwerfend komisch wie aufrechter Kirchgang.

Wie wäre zu unterscheiden zwischen totalitärer
Demokratie und demokratischem Despotismus?

Philosophie : Aufrechter Tiefgang der Hochkultur voller Be- und Verstimmungskanonen.

Denken und Handeln halten
Leib und Seele auseinander.

Blütenträume und Lebensplanwirtschaft
Die Jung-Greise

Eine übermächtige gesellschaftliche Tendenz mit starker Sogwirkung ist zu beklagen. Früher begann das Leben so, dass man als noch junger Mensch davon träumte, ein Weltgenie, Astronaut, eine zweite Maria Callas oder ein zweiter Che Guevara zu werden, und man endete als mittlerer Beamter. Das war die kleinbürgerliche Durchschnittsbiographie. Auch heute bekommt man am Ende seinen Posten, aber mit dem kleinen Unterschied, niemals im Ernst von etwas anderem geträumt zu haben, sondern von Anfang an zielstrebig nichts anderes geplant zu haben als eine solch sichere Sinekure. In früherer Zeit träumte man unnachgiebig bunte Seifenblasen, und es kam dann alles ganz anders, als sie irgendwann platzten. Heute verbietet es sich die Jugend selbst, lange ins Blaue zu träumen, sondern träumt ex ovo von realistischer Lebensplanung, um nicht den Anschluss zu verlieren im kollektiven Rattenrennen um die Fleischtöpfe. Geradlinige Berufskarriere, Familiengründung, Haus im Grünen, Freundeskreise und Reisen, Kultur und Infotainment, alles in optimierter Reihenfolge, ohne noch viel links oder rechts abzuschweifen. Wo jeder frei zu allem ist, darf keiner etwas versäumen, um den ganzen aufgekratzten Stumpfsinn durchzuplanen. Was an Wünschenswertem keinen Platz im Erwerbsberuf findet, verkommt zum Hobby und Freizeitvergnügen. Nicht einmal mehr die privilegierte "akademische Freiheit" wird von jugendlichem Übermut unbekümmert erkundet. Man unterwirft sich den von Experten straff organisierten Studiengängen, die direkt in das grauenvoll phantasielose Lebensziel führen. So sind keine geistigen Abenteuer mehr möglich, sondern nur dressierte Arbeitskräfte, die ihre Gratifikationen genießen dürfen. Anspruchsvollere Flausen treibt jeder sich selber aus. Die bevorzugten Lebenspläne werden heute gesellschaftlich vorfabriziert. Man wählt zwischen fix und fertigen Lebensmodellen, die gut prämiiert und ohne Reibungsverluste vorgesehen sind im sozialen Angebot. Die riskanteren Lebensträume sind schlecht dotiert und beleumundet und werden deshalb gar nicht mehr erst erträumt. Dichter, Komponist oder Maler z.B. ist man bestenfalls dilettantisch verschämt nach Feierabend. Brotlose Künste, die man blutig ernst nimmt, gelten inzwischen als schön dumm. "Rebellion" wird Popkulturindustrie, lässiges Sichsträuben, das dem kollektiven Druck aber immer rechtzeitig nachgibt. Vermodern moderne Kids? In entmutigender Mehrheit wollen sie von Anfang an freiwillig genau das werden, was in Hochindustrienationen erwartet, approbiert und honoriert wird.

Es war einmal, lang ist´s her, da wollte man Welteroberer oder wenigstens Weltverbesserer werden und endete als armseliger Philister, der froh war, irgendwann und irgendwo unterzukriechen und in Nischen ein Machtzipfelchen zu erhaschen. Auch heute landet man beim halbwegs gutsituierten Philister mit richtigem ökopaxfeministischem Generationsbewusstsein, doch ohne dass man in holder Maienblüte je so naiv und dumm war, die Welt verbessern gewollt zu haben oder seinen fragilen intellektuellen Idiosynkrasien nun mutig zu folgen. Ein durchschnittlicher Jugendlicher träumt von vornherein davon, nur realistische Träume zu hegen. Heute startet man das Leben mit dem Ideal, kein blauäugiger Idealist, sondern möglichst zügig mit allen Wassern gewaschener Realist zu sein, der die Abzugslöcher gesellschaftlicher Machtverteilungen schon sehr genau kennt. Die Heiligen von heute kennen die Fahrpläne. "Lebenspläne" sind nun von vornherein rationell ermäßigte Blütenträume. Man wird nicht mehr grausam desillusioniert, man war nie anders als hoffnungslos illusionslos, Männlein wie Weiblein. Frühvergreiste werden nie jung.

Willy Schüttelspeer
„Kürze ist des Witzes Seele "

Der kleine Essay versucht nur, sich in den Kopf eines durchschnittlichen Bildungsbürgers von heute hineinzuversetzen, wenn er mal das Wort „Shakespeare" hören sollte :

„Sein oder Nichtsein. Seit 400 Jahren tot und quicklebendig auf den Bühnen der Welt : Englands bester Schriftsteller, der rangerste Dramatiker aller Zeiten und Zonen? Seine brandaktuelle Bedeutung wurde vor einiger Zeit in einer SPIEGEL-Titelgeschichte noch einmal betont. Aber springen wir gleich zu Beginn ins kalte Wasser. Um es nur schon vorweg zu gestehen : Ich habe Shakespeare immer für leicht überschätzt gehalten. Nun ist es heraus, und warum fällt das so schwer? Habe ich mich damit als Kunst- und Kulturbanause geoutet, der nichts verstanden hat und dem das zu hoch ist?

Den Jugendlichen fesselten vor allem diese monströsen Gestalten von „Richard III." und „Timon von Athen" (der an Molières „Misanthropen" erinnerte): Tremendum et fascinosum. Heute kann ich Shakespeare auf Bühnen kaum noch ertragen. Eitle Regisseure halten sich dem Autor für überlegen und lassen eitle Schauspieler outriert schreien, herumzappeln und theatralisch gestikulieren, um laute Leidenschaften zu simulieren. Statt dass der Mime ruhig dasteht und ruhig ohne Grimassen einen Text rezitiert, der ja genug innere Dynamik und rhetorische Tragkraft besitzt, lebendig hin und her zwischen rüdem Rüpeljargon und aristokratischem Konversationsstil. Das moderne Regie- und Adaptionstheater vertraut nicht mehr auf Shakespeares natürliche Montaigne-Sprache und überwuchert sie mit modischen Mätzchen bis zur Unkenntlichkeit. Je weniger dieser Shakespeare-Darsteller sich bewegen würde, desto mehr würde sein Text mich bewegen. Warum also werden diese Dramen nicht als brillantes Salongeplauder inszeniert, das man akustisch besser verstünde als das inzwischen übliche permanente Gefühlsgeschrei? Der Name des Autors wenigstens sollte auf Film- und Theaterplakaten im Großdruck weit oberhalb von Regisseur und Hauptdarstellern stehen. Und Transformationen in moderne Milieus und Idiome geraten meist albern und deplatziert.

Am ehesten amüsieren mich noch die Komödien mit ihren geistvollen Ping-Pong-Dialogen, aber die biographischen Schicksals- und Königstragödien des

Plutarchkenners Shakespeare geben den hochmögenden Helden der realpolitischen Staatsaktionen immerhin Gelegenheit, zitierwürdige Bonmots effektvoll ins Publikum zu schleudern. Es sind altrömische Republiksaboteure wie Caesar oder typisch machiavellistische Renaissance-Ungeheuer nach dem Bilde der Florentiner Medici oder des Papstbastards Cesare Borgia. Eine grauenvolle Welt voller Blutströme, Willkürgewalt, Verleumdung, Verblendung, Verrat und Hybris, Meuchelmorde, Schinder und Schlächter, Religionskriege und apokalyptischer Katastrophen : Der gottverlassen vollemanzipierte Mensch in seiner entfesselten Autonomie gewann in dem Top-Dramatiker Shakespeare seinen poetischen Chronisten. – Zuletzt schrieb er:

"Life´s but a walking shadow; a poor player,
That struts and frets his hour upon the stage,
And then is heard no more : it is a tale
Told by an idiot, full of sound and fury,
Signifying nothing."
("Macbeth", Act : 5, Scene : 5, 26 - 30)

Die Sprache umspannt zarteste Gesten wie krudeste Chocs, aber an holzschnitthaften Kolportageknallern und staatspolitischen Schauergeschichten scheinen Verfasser und Fans eine gewisse pubertäre Freude zu haben, die manchmal etwas befremden kann. Die *rosa Stücke* haben oft schwarze Falltüren, und die *schwarzen Stücke,* sie wirken unfreiwillig zuweilen leicht comics-komisch bis lächerlich. Verrät das mehr über den Kritiker als über den Autor?

Ich lese die Shakespeare-Stücke lieber still für mich, als sie film- oder bühneninszeniert zu sehen und zu hören. Und heute genügen mir sogar herausgelöste Shakespeare-Zitate. Ich lese nur noch die Sentenzen daraus, nicht mehr die Stücke. (Der „Schwan von Avon" war kein Aphoristiker, aber **aphorismen.de** z.B. versammelt bequem rund tausend seiner pointiert prägnanten Zitate.)

Für „spielerische Identifikation" (Hermann Schmitz) der Konsumenten mit Shakespeares Rollenangeboten ist dessen bis zum Preziösen elaborierte Sprache dem heutigen Müll- und Stummeldeutsch oft schon zu fremd und überlegen. Seine fast mythisch archetypischen Identifizierungsangebote erlauben mir nicht mehr, zur Deckung zu bringen, wie ich mich von innen anfühle und von außen gesehen glaube und von anderen gesehen wünschte. Ich bin nicht Othello, Desdemona, King Lear, Caesar, Titus, Macbeth, Caliban, Shylock, weder Romeo noch Julia noch Ophelia oder Rosenkranz. Dazu bin ich zu alt oder ist er zu lange tot. Am ewig zaudernden Intellektuellen „Hamlet" interessiert mich Sigmund Freuds eigenwillige Deutung. Doch wer wissen will, wann und wie die heute so beliebte "Fantasy" mal in wirkliche Literatur übergeht, der sollte sich den "Sommernachtstraum" deuten. Und der "Othello" von heute endet etwa in "La Jalousie" von Alain Robbe-Grillet wie ein "King Lear" in Honoré de Balzacs "Vater Goriot".

Eines wird häufig übersehen oder leicht vergessen: Shakespeare war der beste Leser und der Vollender des ersten europäischen Moralisten Michel de Montaigne. Eigentlich hat er Montaignes sentenzenreiche „Essais" von 1580 als „geschriebene Schauspielkunst" (Karl Kraus) in federnde Bühnensprache übertragen. Der Renaissance-Humanismus hatte das christliche Mittelalter hinter sich gelassen. Vielen gefällt nun gerade die unchristliche Naturgewalt und heidnische Kraftnatur der Shakespearesprache. Aber wie konnte ein Mann von so geringer Schulbildung so bildungssatte Stücke schreiben?

Versteckte sich hinter dem reichgewordenen und geschäftstüchtigen Theatermanager Shakespeare der intrigante Viscount und Baron Francis Bacon, Baco of Verulam, der seine eleganten „Essays" (1597) ins elisabethanische „Globe Theatre" brachte? Ist das nun wissenschaftlich wirklich widerlegt?

Shakespeares Machtintrigenstücke wirken auf mich beinahe wie frühe Vorwegnahmen der „Memoiren" des Kardinal de Retz unter Ludwig XIV., dort ganz heruntergebrochen ins realpolitisch Kleinliche.

Bleiben noch die rätselhaften 154 homoerotischen „Sonette" von 1609 zwischen „fair boy" und „dark lady", zwischen pornographischen Krassheiten und feinsinnigster Petrarka-Parodie. (Versuchen Sie sich einmal an einer eigenen Übersetzung ins Deutsche!)

Reports verdoppeln nur geistig, was real ohnehin vorliegt. Eine realistische Literatur ist auch eigentlich ein Widerspruch in sich. Richtiger Shakespeare ist zum Glück nicht platt wie ein Bericht. Seine Helden und seine Mittel sind eher maßlos als mittelmäßig, sein virtuoser Übermut ist kein übergroßer Mut, sondern sprachverspielter „wit" und gewitzter Geist.

Rasanz durch Verdichtung und originelle Metaphern als Siebenmeilenstiefel der Phantasie, leichtfüßiger Esprit als Zauberstab, der in beliebige Fluchtwelten entführt. Heutige Literatur ist häufig nicht ver-rückt

genug. Literatur hat über unser dummschlaues All-
tagsgeschwätz hinauszugehen, ob nun per Blankvers
oder Hexameter, Utopien oder kunstvolle "Unnatür-
lichkeiten". Kunst transzendiert fast wie Religion,
nicht nur ins Jenseits, wenn auch nur im Imaginären.
Und "gebundene Rede" ist eine fesselnde sprachliche Entfesselungskunst, der "gehobene Ton" über-
fliegt die Schwerfälligen und die Dickfelligen down
to earth.

Shakespeare war vielleicht einfach nur unverbildet
unbefangen genug, alles Seriöse und die ernsthaften
Leute wie ein "Sturm" durcheinanderzuwirbeln und
mit allem sein großes lebenskluges Kinderspiel zu
treiben.

Hamlet zweifelt und verzweifelt lieber an allem und
allen, als den verordneten Optimismus der Welt zu
teilen. Er spielt verrückt, um nicht wie jeder von uns
nur zur Vernunft seiner Epoche zu kommen. Ewige
Unentschiedenheit als Form der Freiheit wäre doch
gar nicht die schlechteste Hamlet-Deutung."

Es werden nur noch Gedanken in die Tat umgesetzt,
die sich nicht mehr in Gedanken umsetzen lässt.

Larochefoucauld und Kardinal de Retz

Aus „Memoiren" des Kardinal de Retz (Paul de Gondi, 1613 - 1679)

Deutsch von Walter Maria Guggenheimer

„Immer gab es ein schwer zu fassendes je ne sais quoi um den ganzen Monsieur **de la Rochefoucauld**. Seit seiner Kindheit wollte er in Intrigen sich mischen, dies zu einer Zeit, da er für kleinliche Rücksichten keinen Sinn hatte — sie sind übrigens seine Schwäche nie gewesen; die großen aber kannte er noch nicht. Er ist niemals zu irgendeiner Unternehmung fähig gewesen, ich weiß selbst nicht warum; denn bei jedem anderen hätten die Eigenschaften, die er besaß, jene ersetzt, die ihm mangelten. Er war nicht eben weitblickend und überblickte nicht einmal in einem, was ihm zum Greifen nahe war; eigentlich aber hätten sein kluger und im Planen höchst brauchbarer Verstand, hätten, hinzukommend, sein freundliches Wesen, seine Gabe, sich beliebt zu machen, und seine Anpassungsfähigkeit, die außerordentlich war, bei ihm den Mangel an durchdringender Urteilskraft wettmachen sollen. Unentschlossenheit war ihm seit je zur Gewohnheit geworden; worauf sie zurückzuführen ist, wüßte ich jedoch selbst nicht zu sagen. Von einem

Übermaß an Einbildungskraft kam sie jedenfalls nicht, denn die war alles andere als lebhaft. Ebenso wenig möchte ich die Ursache in einem Versagen seiner Urteilskraft suchen; obwohl sie nämlich im Laufe der Aktion nicht eben auserlesen ist, verfügt er doch über ein gesundes Maß an Vernunft. Jedenfalls sehen wir die Folgen dieser Entschlusslosigkeit, ohne ihre Gründe zu kennen. Ein Kriegsmann war er nie, obzwar sehr soldatisch. Nie auch ist er, von sich aus, ein guter Hofmann gewesen, obschon er den besten Willen dazu hatte. Und für Parteikämpfe hat er sich niemals geeignet, obwohl er sein Leben lang in sie verwickelt blieb. Jenes verlegene und schüchterne Wesen, das Sie an ihm im täglichen Leben beobachteten, hatte sich in öffentlichen Angelegenheiten in eine Art von ständiger Rechtfertigung verwandelt. Immer glaubte er sie nötig zu haben; dies, und seine *Maximes,* die ja nicht eben viel Vertrauen zur Tüchtigkeit verraten, und der Umstand, dass er immer mit ebenso viel Ungeduld aus Unternehmungen auszusteigen versuchte, wie er bewiesen hatte, an ihnen teilzunehmen — aus dem allen schließe ich, dass er besser daran getan hätte, sich selbst richtig einzuschätzen und, was ihm durchaus möglich gewesen wäre, als der höflichste Höfling des Jahrhunderts zu gelten."
(Frankfurt/Main 1964, Seite 105 ff.)

Wolf Lepenies : „Sainte-Beuve"
Auf der Schwelle zur Moderne
München 1997 / 2006

„Den Kardinal Retz, der sich von seinem aufrechten Feind zu seinem boshaften Freund wandelte, irritierte an La Rochefoucauld, daß er nie zu fassen war. La Rochefoucauld war vieles, aber nichts war er ganz : er war kein wirklicher Krieger, obwohl er lange Zeit Soldat gewesen war; er wurde nie ein guter Höfling, obwohl er sich anstrengte, einer zu sein; immer engagiert, wurde er doch nicht zum Mann einer Partei. Sainte-Beuve zitiert die Charakteristik, die Retz von La Rochefoucauld gibt, mit Zustimmung – aber er protestiert, als Retz dem Autor der *Maximes* die Einbildungskraft abspricht. Die Einbildungskraft war vielmehr stark in La Rochefoucauld, und sie vor allem ist es, die erklärt, warum dieser Lebenslauf immer zugleich der Roman eines Lebens war."

„Die *Maximes et Réflexions* sind nicht die Kompensation einer abgebrochenen *vita activa,* sie sind der Höhepunkt eines einzigen Lebens und die naturbestimmte Krönung einer literarischen Laufbahn. Was auf den ersten Blick wie ein Schiffbruch erscheint, erweist sich zuletzt als ein Sieg der Literatur über die Politik." (a. a. O., Seite 244 - 246)

Wozu Fortschritt?

Wozu ist die Moderne gut, der ganze Riesenaufwand an technischer Naturzähmung, an Fortschrittsfuror und liberaler Emanzipation, wenn sie keine Daseinserleichterung für ein kontemplatives Leben im stillen Winkel bringt, wo niemand mehr als ein Minimum an gesellschaftlich notwendiger Erwerbsarbeit leisten müsste und jeder sich in der vielen Freizeit einem ungestörten „geistigen Leben" hingeben könnte? Wer im stillen Kämmerlein mit einem Minimum an materiellen Bedürfnissen und Dienstleistungen sich keinen Wissenschaften und Künsten hingäbe, müsste weiter zwischen Not und Langeweile hin und her taumeln. Alles andere wäre viel zu sinnlos oder zu gefährlich. Pascal, der das Elend der Menschen beklagte, nicht ruhig in einem Zimmer sitzen zu können, trieb Mathematik, wenn er nicht gerade meditierte oder betete. Außerdem behandelte er als Naturwissenschaftler metaphysische Fragen auf aphoristische Weise als existenzielle Gedankenspiele wie etwa später der Physiker Lichtenberg, der Ingenieur Novalis und die Chemiker Canetti und Chargaff. War er Frömmler oder fortschrittlicher als sein konservativer späterer Kritiker Paul Valéry?

Von Mönchen, Memmen und alten Menschen

„Wir bringen unsere Jahre zu wie ein Geschwätz."
(Psalm 90, 9)

Als Schlimmstes gleich nach Tod und Folter, nach Hunger und Durst, gilt die spätere Verkalkung, das biblische Hochalter mit Stillstand, Greisenstarrsinn und Rückzug. Das „Defizitmodell des Alters" besagt: Man wird dümmer, düsterer, unbeweglicher, knauseriger, hartherziger, gangunsicher, inkontinent, impotenter, verknöcherter, „dem Grabe zu gebeugt", „wie tot und der Welt entrückt". Cicero sieht in seiner Schrift über Cato den Greis dagegen ruhiger, gelassener, besonnener und nun vom materiellen ins spirituelle Leben potenziell fortgeschritten.

Die allgemeine Verachtung gilt neben dem Greis auch einem Feigling. Der eine ist notgedrungen ein Eskapist und der andere ohne Not? Warum gibt es eigentlich keine literarische Ehrenrettung für den Angsthasen, ja, ein (wenn auch ironisches) Panegyrikon auf den Hasenfuß, den Duckmäuser, der sich bei jeder Gelegenheit in die Büsche schlägt und *verdünnisiert*. Jeder geht dem aus dem Wege, der allen und allem zu gern aus dem Wege geht.

Niemand wagt es, Verständnis für ihn zu haben und sein Loblied zu singen wie Erasmus auf die Torheit in seinem hinreißenden „Enkomion moriae" (1509).

Heidegger hat die Angst philosophisch aufgewertet, aber nicht die Ängstlichen, Mutlosen, Verkrochenen und notorischen Drückeberger. Ganz im Gegenteil. Wer wagt es, sie endlich anzuerkennen und wertzuschätzen? Greise und Hosenscheißer sind tabu wie die geisteskranken Depressiven, die spinnerten Sonderlinge, weltfremden Originale, verstiegenen *Nerds*, die überspannten Sektierer, verschrobenen Pedanten und auch komischen Heiligen. Versager mit gesellschaftlich recht unnützen Spezialtalenten kommen in der sozialen Rangfolge gleich nach den Verbrechern. Warum eigentlich? Oder sind hemdsärmelige Optimisten zu phantasielos, um begründete Ängste zu haben? Als pulverscheue Weicheier und als kneifende Jämmerlinge gelten heute auch asketische Mönche, Eremiten und Refusen, Wüstenväter und Waldbrüder, ja, schon stille Gelehrte in ihren Denkerklausen. Immerhin hat man nun die Vorzüge ihres „lifestyle of voluntary simplicity" (LOVOS) erkannt, um ihn nur in den Dienst einer rentableren *work-life-balance* zu stellen, ohne aber gleich die disziplinierten Mühen eines geistigen oder eines geistlichen Lebens auf sich nehmen zu wollen.

Das einfache Leben in freier Natur mag 1939 ein konservativer Ernst Wiechert besungen haben gegen konkurrenzkapitalistische Statussymbole eines *modern way of life*, aber der Ökologismus alternativer Nachhaltigkeit ist seine zeitgenössischere Spielart.

Strikte Konsumeinschränkung auf das Notwendige, Ressourcenschonung, Abfallvermeidung und Recyclingwirtschaft, Energieeinsparung, die Reduzierung des eigenen grünen Fußabdrucks und eine radikale Reduktion der „gesellschaftlich notwendigen" Erwerbsarbeitszeit – alles das wäre ja gratis in den Erfordernissen eines allgemeinen *geistigen Lebens* in Künsten und Wissenschaften mühelos mit impliziert. Nietzsches *Zarathustra* wollte die spirituelle Leere nicht länger durch einen materialistischen Nihilismus kompensieren. Heutzutage werden Alte immer dynamischer, aktiver, sportlicher, kregler, fitter und aufgekratzter – aber nur für den Tod, nicht für ein Leben in Lesen und Denken.

Das Leben nimmt uns einen Tag nur, um uns einen zu geben – bis es uns eines Tages alle Tage nimmt.

Heute werden uns die Sünden nicht mehr vergeben, sondern ausgeredet.

Gespräche mit Keulow

Vom ganzen Descartes blieb in Ingos Kopf nur eines übrig : „Ich denke, also spinn ich."

Grübel, grübel, s´ist alles von Übel, sollte nicht der Binsenweisheit letzter Ladenschluss sein.

Ingo sinnierte im stillen Kämmerlein : „Die Mutter Natur ist Vater Staat, ihrem geliebten Gatten, immer treu geblieben. Und wo bleibe ich, das einzige Wunschkind der beiden? Ich kann nur Frl. Berta Paschulke aus der Hauptbuchhaltung heiraten."

Wer ist Gott? Where is God? Who is God? Wo ist Gott? So ging es ihm in der Kopflosigkeit herum, seit er volljährig war. Sollte er Frl. Dickensen aus Dickmannstadt in Dickland, Dickestraße l, heiraten, die von der Magersucht übermäßig geheilt war, ihm zuliebe geheilt?

Fräulein Dicky Dick Dickensen gehörte zu seinen Qualbekanntschaften. Sie pflegte ihn zu necken mit Fragen : „Wie heißt ein Mensch, der nur seine Ruhe will und der etwas nicht einmal ändern will, wenn es ihm mehr Ruhe verspricht?"

"Ein Quietist?"

"Und wenn nun dieser Mensch sich in sein quietschendes Bett legt, um seine ewige Ruhe zu suchen?"

„Na, ein *Quietschist* natürlich, du Dummchen", lachte Dickelchen, diese fettfitte Frohnatur.

Hat Ingo sie immer wieder geschlagen oder nur wiedergeschlagen? Wieder schlagen oder wiederschlagen, das ist die Frauenfrage, nicht wahr?

Ingos Leben war nicht aus einem Guss. Es war weder aus einem noch aus zwei Regengüssen.

"Edle Vielfalt, stille Blöße, und die Jugend ist ihr eigener Ton, wenn die Tugend nicht ihr eigener Lohn ist", murmelte er, sobald er sich in die Enge getrieben fühlen durfte:

„Meine ganze Philosophie besteht allerdings nur aus meinem Ich, das ist leider wahr. Aber dieses Ich besteht ganz aus Philosophie", fügte er gleichsam entschuldigend hinzu, ganz Schalk im Nacken.

Manchmal stöhnte Frl. Dickensen:

„Du nimmst mich immer nur als Objekt."

„Als unbemanntes Fluchobjekt?"

"Ich will Subjekt sein und kein Objekt!"

„Du solltest objektiv sein und nicht so subjektiv. Im Übrigen bist du ein Subjekt, ein recht zweifelhaftes Subjekt sogar, das sich am Eigentum und an der Eigentümlichkeit anderer vergreift."

Als Dropout und Outcast pflegte er leider das typische Dropoutkastendenken:

"Das Unrecht von gestern, das seine Macht verloren hat, ist liebenswerter als das Recht von heute, das an die Macht gekommen ist." – Und: „Nicht die Geschichte wiederholt sich, sondern die Geschichtslosigkeit und Überzeitlichkeit. Was sich nicht wiederholt, wird Geschichte." —

Ganz erschöpft von den ewigen Podiums-
diskussionen zuhause ging er in einen Tante-Emma-
Laden:

"Ein Viertelpfund Quatsch, bitteschön."

„Sie meinen sicher Quark, mein Herr, nicht
wahr?"

„Wenn ich Quark meinen würde, hätte ich
„Quark" gesagt, nicht wahr? Also ein Viertelpfund
Quatsch, bitte, wenn´s recht ist und billig."

"So ein Quatsch!"

"Eben."

Tante Emma dachte beiseite : Der ist ver-
rückt. Nur nicht reizen, immer schön nachgeben,
sonst schlägt er mir noch den Laden kaputt.

„Zu Diensten, der Herr. Ein Viertelpfund
Quatsch also."

„Nein, nein, ich hab´s mir anders überlegt.
Vielleicht ist es wirklich Quatsch, solchen Quatsch
zu verlangen. Ich nehme doch diesen Quark."

Nur diese Tante Emma nicht unnötig reizen.
Die ist noch aus der guten alten Zeit und kann sich
nicht umstellen auf den neuen Wind, der nun weht.

Die bringt es fertig und haut einem den ganzen Quark über den Kopf, wenn man etwas anderes
von ihr will, als alle Kunden immer von ihr wollten.

Da ging Ingo mit einem guten Viertelpfund
Magierquark nach Hause und dachte bei sich:

„Bin ich nun der Pächter meines eigenen
Körpers, oder bewirtschafte ich nur deinen Leib für
mich und meinen für dich? Alles so schwierig hier."

Uoroboros : Sieben auf einen Streich?

„Ein Franzosenkönig Ludwig soll einen leiblichen Bruder, der legitimen Anspruch auf die Krone hatte, lebenslang auf eine einsame Insel und hinter eine "eiserne Maske" verbannt haben, weil er ihn nicht offen umzubringen wagte. Diese lebenslängliche Furcht, der Bruder könnte sich befreien und ihm die Krone wegnehmen, führte dann am Ende gerade herbei, was sie immer befürchtete.

Schmachtet dieser Bruder noch im finsteren Kerker bei Wasser und Brot? Hat der heute fünfzigjährige (H50) den ewig fünfjährigen *Hans-Otto* (H5) in sich nur eingekapselt statt wirklich erlöst, als tickende Zeitbombe in der Brust? Steckt dieser H5 hinter dem "Charakterpanzer" des H50 und darf bis heute gar nicht zu Wort kommen, nicht schreien und fluchen, nicht weinen und wüten und aufmucken? Erhebt der erwachsene Vormund den Anspruch, für sein kindliches Mündel mitzusprechen, verurteilt ihn damit zum Schweigen und leugnet seine Existenz?

Dieser Stolz des Fünfzigjährigen auf seine Selbstbeherrschung, verhindert er die Erlösung des Fünfjährigen in ihm, der ihn permanent mit Selbstvernichtung bedroht? Das „Kind im Manne" kann nicht sprechen, und wortlose Grübeleien bringen den Erwachsenen in nonverbalen Kontakt mit diesem Kaspar Hauser in ihm selbst, der nicht mitwachsen durfte, noch immer traumatisiert und gelähmt von der ohnmächtigen Angst und Wut der frühen Jahre? Diesen Kaspar Hauser in ihm freilassen, hieße das Gefahr laufen, von Tobsuchtsanfällen überwältigt und zerstört zu werden? Darf man viel kluges Zeug über ihn reden, damit er nicht selbst zu wimmern anfängt und das kunstvolle Gebäude zum Einsturz bringt? Dieser Hans-Otto hat unser Ohr."

Der alte Märchenonkel fuhr nach einer Pause fort: „Wie wurde aus Bernd-August ein *Bernd-August*? Nach dem Abitur machte er gar nichts mehr, seit der Reifeprüfung hat er nie mehr etwas getan (was für die Gesellschaft von irgendeinem Nutzen gewesen wäre), weil die Schulzeit ihn übermäßig beansprucht und ausgelaugt hatte. Der Primus wollte, anders als seine Mitschüler, weder Arzt noch Lehrer noch Jurist oder Ähnliches werden. Während der Schuljahre hatte er sich für Physik interessiert, aber Wissenschaftler wollte er auch nicht mehr werden, seit er die Philosophen gelesen hatte. Der Gymnasiast hatte sehr früh *Dichter und Denker* für sich entdeckt, als noch niemand in seiner Umgebung diese Namen je gehört hatte und mehr als diese Namen von ihnen wohl je kennenlernen würde. Es gab auch von Pädagogen keine Anregungen dazu. Er hatte Autoren wie Sartre, Heidegger und Adorno, Martin Walser, Arno Schmidt, Mallarmé und Valéry neben Hölderlin und Rilke auf eigene Faust für sich aufgetan, aus dem Nichts einer ursprünglichen Intuition und Wahlverwandtschaft heraus. Vielleicht hatte seine Neugier in der kleinen Stadtbibliothek zufällig einige Seiten von diesen Verfassern überflogen, und der Funke war übergesprungen und zündete; das Feuer würde bis zum Lebensende nie mehr erlöschen. Es war die pure Gegenwelt gegen die monoton behütende Enge seines proletarischen Elternhaushalts. Es war für ihn nicht einmal die große weite Welt in diesen Werken, sondern das Universum selbst − gegenüber dem winterlich vereisten Balkonklosett daheim.

„Die Philosophie hat Sie verdorben", hatte sein Deutschlehrer zu ihm gesagt. Wer nur in solchen Büchern lebt und sie blutig ernst nimmt, baut sich keine standesgemäß abitur-affine Erwerbskarriere mehr auf und gründet nicht einmal mehr eine eigene Familie, wenn er die Herkunftsfamilie verlassen hat. Er ist für diese Welt verloren und wird ein *Sonderling*, wie seine Mutter voll düsterer Vorahnungen klagte, also ein bestenfalls harmlos sanfter Spinner, falls er kein Verbrecher wird. Er nutzte jedoch die akademische Freiheit und studierte auf der Universität Germanistik und Philosophie, ohne damit einen praktischen oder theoretischen Beruf anzusteuern.

Er war ja nicht faul, sondern las fleißig viele wissenschaftliche und literarische Werke, aber nur für sich selbst, nicht für eine gesellschaftliche Nützlichkeit und künftige Erwerbsarbeit. So machte er sich langsam zu einem gebildeten Autodidakten, aber zu keinem hoffnungsvollen Examenskandidaten, um später einen gutbürgerlich mittelständischen Familienhaushalt gründen zu können. Dieser geborene Tunichtgut rutschte nicht unfreiwillig in diese Sackgasse ab, sondern er steuerte diesen Sonderweg mit nachtwandlerischer Sicherheit intuitiv an, als käme für ihn letztlich gar nichts anderes in Frage. Er konnte gar nicht anders, wenn er sich nicht permanent vergewaltigen wollte, und brauchte nur eine überlebensfähige materielle Basis dafür. So wählte er keinen qualifizierenden Ausbildungsberuf mit jahrelanger Lehrzeit und Abschlussprüfung, sondern Anlernberufe ohne Zukunftsperspektiven. Er suchte zeitlebens rare Drückeberger-Nischen in der harten festgefügten Konkurrenzwelt. Selbst eine krisensichere Beamtenlaufbahn, in der vor allem depressive Gemüter unterzukriechen pflegen, die den industriekapitalistischen Stress scheuen, schien ihm noch zu mühselig, um noch genügend viel Zeit und Kraft für sein *wahres Leben* nach Feierabend übrig zu lassen, fürs Lesen und Schreiben von abseitigen Büchern, die kaum jemand lesen würde und die an gängigen Lesererwartungen seiner Epoche vorbeikonzipiert sein mussten. So versuchte er, in halbstaatlichen Organisationen unterzukommen, um Alltagsprivilegien des akademischen Personals mitgenießen zu können, in Gentechnik und IT-Sicherheitsinstituten, die einem Privatwirtschaftsstress weniger unterworfen waren, weil sie von staatlichen Aufträgen und Subventionen lebten. Dort leistete er als Assistent für Akademiker subalterne Hiwi-Dienste, aber der Büchernarr hasste auch diese Tätigkeiten so sehr, dass er sie nur gerade ausreichend gut erledigte und zuweilen zu mehr Einsatz ermahnt werden musste, zu etwas mehr „drive". Vergeblich : Der Arbeitseifer langte nie zu Gehaltsaufbesserungen.

Diese Aushilfsjobs mit ihren Kärrnerarbeiten waren nicht weniger anstrengend als die anspruchsvollen Edelberufe, vor denen sie Zuflucht bieten sollten, und ungleich schlechter dotiert und angesehen. Diese kleine Leseratte hat nie eine wirklich windstille Nische in der Hochleistungsgesellschaft gefunden, anders etwa als sein bewunderter Paul Valéry, der

Privatsekretär eines Diplomaten im Pariser Kriegs-
ministerium geworden war mit zwei Arbeitsstunden
täglich, die ihm genügend Muße für ein geistiges
Leben ließen. Dieses Glück hatte er nie. Er rieb sich
auf in lächerlichen Positionen, bis sein Körper ihm
den Gefallen tat zu streiken. Da er es nicht schaffte,
diese ebenso erschöpfenden wie sinnlosen Beschäf-
tigungstherapien selbst aufzukündigen und ein un-
gewisses Bohème-Leben in Armut zu wagen, nahm
sein malträtierter Körper ihm diese mutige Entscheidung schließlich gnädig ab und kollabierte, bis
er erwerbsunfähig wurde. Nur um den Preis einer
unheilbaren, unsimulierbar chronischen Krankheit
erlaubte die Gesellschaft ihm sein ersehntes Leben
als erfolgloser Literat in privatgelehrter Muße.

Natürlich konnte er auch nicht einmal notdürftig
leben von den Büchern, die er schrieb und die kaum
einen Verleger und ein Publikum fanden. Er schrieb
immer entschiedener für die Schublade, erst trotzig
zerknirscht, dann immer selbstbewusster und am
Ende ebenso kostenlos wie unverkäuflich im *Self-
publishing*. Das war ihm ehrlich gleichgültig. Eine
kleine Liebhabergemeinde von Individualisten fand
der essayistische Individualist, der keinen Nerv der
Zeit treffen wollte und keine Kritiker auf sich aufmerksam zu machen wusste, gestützt von keinen

Institutionen und auch von keinen Organisationen geschützt. Das war ihm recht, auch wenn sein Misserfolg keine Genialität beweisen sollte. Er schrieb nur Dinge, die die Gewissheiten, Dogmen und Vorlieben seiner Epoche nicht einmal widerlegten oder irritierten oder auch nur lächerlich machten, sondern schlichtweg ad absurdum führten. Kurz : Er schrieb an seiner Zeit vorbei, unter sie hinweg, unterirdisch wühlend oder unterseeisch tauchend. Die Zeit sollte mit etwas weniger gutem Gewissen an ihren Selbstsicherheiten und Trivialitäten festhalten dürfen.

„Gott ist Geist" und hat diesen ebenbildlichen Geist parakletisch begleitet und ermöglicht, vielleicht nur toleriert, ja, insgeheim vielleicht wohlwollend nach Kräften ermuntert, wer weiß es. Nicht die *invisible hand* der Wohlstandsgesellschaft, sondern allein der Geist Gottes gab ihm ratlose proletarische Eltern, die in unerklärlich liebender Geduld alles mittrugen, was ihnen wie ein unerwartetes Scheitern erscheinen musste. Sie brüteten dieses ihr Klassenbewusstsein übersteigende Kuckucksei in ihrem arm(selig)en Nest aus und fütterten das schwarze Familienschaf mit durch, warfen es wenigstens nie aus dem brutwarmen Nest, hielten ihre Tür immer geöffnet für den verlorenen Sohn. Sie wussten nicht, was er mit sich herumtrug, aber halfen dem Hilflosen immer wieder auf die Beine und ließen ihn nie fallen. Ein proletarisches Nest erfüllte seine vornehmste Aufgabe vorbildlich, so etwas wie einen proletarischen Intellektuellen, diese Utopie, nicht verkommen und untergehen zu lassen. Das war sicher mehr, als ein akademischer Mittelstandshaushalt geschafft hätte. Gott war wohl streckenweise mit dieser Familie und ihrem ohnmächtig missratenen Sohn, für den seine Mutter sich gegen den Stiefvater immer eingesetzt hatte, die einzige Frucht der einzigen Liebe ihres Lebens, bis sie, ums aufopfernde Leben betrogen, es sich am Ende nahm. Eine todtraurige Geschichte."

„Dem *Bastian* sind wir stets dankbar dafür, daß er jedes Mal, von der unaufschiebbaren Redseligkeit seiner Hypochondrien getrieben, als erster das beklemmende Schweigen zu brechen pflegt. Allerdings schlägt unsere Erleichterung über sein ventilsuchendes Sicherleichtern auch rasch um in Ungeduld über seine weitschweifig umständlichen Jeremiaden, in denen er sich enervierend verliert. Wir müssen ihn jedes Mal einigermaßen barsch wieder herausholen aus seinen Alleingängen, die er immer nur an eine einzige jeweilige Respektsperson richtet, ohne uns einzubeziehen, an uns allen vorbei. Solche Zurechtweisungen kränken ihn bis zum Krankwerden, also bis zum grippalen Appell an seine Ehefrau, ihn wie ein Kleinkind zu umsorgen. Verheiratet ist er seit vielen Jahren mit einer herben, resolut nüchternen Frau, von der seine tiefe Lebensunsicherheit sich einen festen Halt versprach, die aber eben wegen dieser Eigenschaft nie seiner Sehnsucht nach weich-warmer Mütterlichkeit entgegenkommen wollte. (Seine Beschwerden datiert er zurück auf die Zeit nach der Hochzeit.) Das Kind, das er für sie sein wollte und das sie zurückwies, versucht er immer wieder als Kranker zu erreichen, der ihre Fürsorge erzwingt. Der Vierzehnjährige hatte während des Krieges, als sein Vater eingezogen war, dessen Stelle bei der Mutter und den kleineren Geschwistern einnehmen müssen, in ewiger Angst vor den Russen. Unter der Führung des Jungen zog die Familie kreuz und quer durch Ostpreußen, immer zwischen den Fronten auf der Flucht vor der anrückenden Roten Armee. Diese Rolle traumatisierte ihn für den Rest seines Lebens, weil sie ihn heillos überforderte und um seine Jugend brachte.

Irgendwo fühlt der heute Vierzigjährige sich noch immer als dieser Vierzehnjährige, der seinen Vater vertreten und in seiner Ehefrau seine Mutter und in seinen eigenen Kindern seine kleinen Geschwister von früher zu verteidigen hat gegen alle Russen dieser Welt in den heutigen Vorgesetzten und Konkurrenzkollegen. So lebt er in permanenter Erwartungsangst vor dem beruflichen Selbstbehauptungsstress und vor den oft nur phantasierten Lebenserwartungen seiner Frau. Seine Existenzangst ist alles andere als existenziell, eher eine Dauerungewissheit auch in Hochkonjunkturzeiten, ob er seine Familie immer wird unterhalten und durchbringen können. Der Vierzehnjährige von damals in ihm traut sich noch immer nicht den Vierzigjährigen zu, der er doch längst geworden ist : sein eigener abwesender Vater. Er "fliegt am ganzen Leibe", in ständiger Angst des kleinen Jungen vor den Mängelrügen seiner phantasierten Minderjährigkeit, die seine Jugendzeit überlebt hat. Er will endlich der hilflos heulende kleine Junge sein dürfen, um den der Krieg ihn gebracht hat und um den seine Frau ihn bis heute bringt, wenn man ihm glauben soll. Deshalb sucht er unsere Gesellschaft. Wir lassen ihn vor Angst in die Hosen machen, ohne ihn auszulachen oder auszuschimpfen.

Maria kann nicht mehr schlafen. Sie verbringt schlaflose Nächte über ihrer Unfähigkeit, sich zu entscheiden für oder gegen einen Mann, der sie gerade durch das anzieht, wodurch er sie abstößt und umgekehrt : die Ähnlichkeit mit ihrem Vater, der vor kurzem gestorben ist und um den sich nicht genug gekümmert zu haben sie sich vorwirft. Der erste Mann, mit dem es schief ging, war verheiratet gewesen, also schon vergeben wie der Vater an die Mutter. Der jetzige Aspirant und Kandidat, ein Soldat, bringt sie um den Schlaf, weil sie ihn liebt und gleichzeitig fürchtet : als Trinker, wie ihr Vater. Es muß ausgerechnet der Vater sein, der es keineswegs sein darf. Und unschlüssig ist sie weniger, weil er säuft, als deshalb, weil sein Trinken sie an das Trinken ihres Vaters erinnert. So schreckt sie vor dem, was sie einzig an diesem Mann anzieht, mehr zurück als vor seinem Alkoholismus. Die Trunksucht allein ist es, die sie in diesem Soldaten den Vater lieben läßt. Wir versuchen, sie zu überreden, daß sie diesen Mann laufen läßt. Wir raten nicht ab, weil sie in ihm den eigenen Vater heiraten würde, sondern einen Trinker. Aber sie kann seinen drohenden Alkoholismus weder von seiner Väterlichkeit noch von seiner Liebesattraktivität trennen. Sie bekommt kein Auge mehr zu vor lauter blendender Wachsamkeit, das Richtige zu tun und den Richtigen zu wählen.

Bernd-August fühlt sich ganz wie Hans-Otto stigmatisiert durch die böse Mutter seiner ganzen Kindheit und Jugend, also durch die Angst, ja, durch die immer herbeigefürchtete Gewißheit, daß alle Frauen so sind, wie er seine Mutter erleben mußte.

Um sich und aller Welt zu beweisen, daß es sein gutes Recht ist, in allen Frauen, die er kennenlernt, diese Rabenmutter zu fürchten, wählt er entweder Zierden ihres Geschlechts, die ihn wirklich hintergehen, ausnutzen und mißbrauchen, oder er bringt jede dieser Frauen in einer ihm unbewußt bleibenden Strategie dazu, so auf ihn zu reagieren, daß er sich wieder einmal mehr betrogen und verraten fühlen darf, wie gewohnt. Um seine Mutter in allen Frauen anklagen zu können, inszeniert er es immer wieder, ausgebeutet zu werden, und gibt keinem weiblichen Wesen eine Chance, ohne Hintergedanken einfach nur gut zu ihm zu sein. Sein ausgeprägter Hang zur Unabhängigkeit ist unecht, weil er die Angst abwehrt und nichts ist als die Abwehr der Angst davor, sich von einem Menschen abhängig zu machen, der ihn nach erprobtem Muster ja doch wieder enttäuschen muß. Er wird schon dafür sorgen, daß diese Regel nicht verletzt wird. So stößt er unablässig von sich, um nicht verstoßen zu werden, und findet es abstoßend, wenn ein Mädchen sich an ihn hängt. Sind Fiasko und Desaster schon unausweichlich, dann soll der Bruch durch ihn selber kommen, der dem notorisch falschen Spiel aller Frauen früh zuvorkommen will. Frauen sind Fallen. Wenn sie an ihm hängen, machen sie ihn abhängig von sich. Eine Frau, die ihn liebt, betrügt ihn schon dadurch, daß sie ihn liebt – nämlich um seine Freiheit. Sie hängt sich wie ein Klotz an sein Bein und schlingt sich wie ein Strick um seinen Hals. Dieses Einzelkind fühlt sich in unserem Kreis wie im Exil.

Hans-Otto ist immer kurz davor, in Tränen auszubrechen über sein Schicksal, der ewig Zweite, also der Allerletzte zu sein im Leben. Das Leben klagt er an wie seine vermeintliche Rabenmutter, ihn nichts als benachteiligt und übergangen zu haben. Wie Bernd-August will er immer vergeblich gebettelt und gekämpft haben um die Verwöhnungen einer Mutter, der Bastian nur nachtrauert wie dem verlorenen Paradies. Obwohl er sich für seine Eltern beide Beine ausgerissen haben will, um ihre Anerkennung zu erringen, ist ihm ständig ein großer Bruder vorgezogen worden, ein Tunichtgut, der trotz seines Versagens mit einem ebenso großen Erbteil rechnen darf wie er. Hans-Otto gönnt diesem unwürdigen Big Brother nicht einmal die Hälfte des zu erwartenden Erbsegens, nach allem, was er für seine Eltern getan habe, und nach allem, was dieser Bruder nicht für sie getan habe. Gerechtigkeit, das hieße für ihn inzwischen nicht mehr gütliche Teilung, sondern den Löwenanteil als Ausgleich für alle unverschmerzbaren Zurücksetzungen seit der Kindheit. Wie Bastian, den er gut verstehen kann, wirft er seiner Frau vor, ihn nicht zu verstehen, d.h. kein Verständnis zu haben für seine stets gedemütigte Sehnsucht nach einer lieben Mama. Dieser tiefe Wunsch, sich zu einem Kind zu machen, das endlich sein Recht bekommt, stößt seine Frau ab, weil sie selbst und ihrerseits in ihrem Mann den starken Vater sucht, an den sie sich anlehnen kann. Sie bettelt um einen guten Vater, der um eine gute Mutter bettelt, und jeder der beiden Unglücklichen lehnt am anderen angewidert das Kind ab, das er für den anderen selbst gern wäre. Was ihn betrifft, so verfolgt er seine Frau mit einer inquisitorischen Eifersucht, die ihr und sich selbst beweisen will, daß sie ja doch, wie er es von jeher gewohnt ist, einen anderen Kerl vorzieht, eben den großen Bruder in jedem anderen Mann. Seine argwöhnischen Nachstellungen und kleinlichen Dauerverhöre treiben sie zu Lügen, die sein Mißtrauen einschläfern wollen und dadurch gerade erst wecken und die er ihr dann vorhalten kann als Geständnis, das sie der Ähnlichkeit mit der lieblos ungerechten Mutter überführt, wie bei Bernd-August. „Alle Frauen sind schlecht."

Undank ist für ihn der Welt Lohn, und der Wunsch nach Gleichheit in der Brüderlichkeit wird zum heißen Wunsch nach ausgleichender Vorzugsbehandlung.

Bernd-August will von uns allen loskommen und im Leben weiterkommen. Aber im letzten Augenblick klammert er sich doch immer wieder an unsere Rockschöße und -zipfel; er haßt weniger uns als seine dumme Abhängigkeit von uns, er wird uns nicht verloren gehen, vorerst wenigstens nicht.

Hans-Ottos ewig bevorzugter älterer Bruder scheint zum ersten Mal von den Eltern schmählich behandelt worden zu sein. Otto hat so viel Angst vor ihm, daß er darüber nicht einmal triumphieren mag. Lieber fühlt er sich in ihn ein : So ist er selbst immer mißhandelt worden von diesen ungerechten Eltern. Wieder geht es um diese dämlichen Erbschaftsansprüche, wir blicken da alle nicht ganz durch, es ist verworren, und Otto kann nicht gut erklären. Die Sache, wenigstens die Rechtssache, langweilt auch alle. Wir verstehen nur, daß der weiche Otto nicht weiß, ob er sich mit seinem großen Bruder nun gegen die lieblosen Eltern verbünden soll aus lauter Sehnsucht, es mit niemandem zu verderben und mit allen in tiefstem Paradiesfrieden zu leben. Wenn nur alle zu ihm, zu Otto, angekrochen kommen wollten! Er hält sich für die friedfertige Gutmütigkeit in Person, dieser Schlawiner.

Gleichgültige zeigen sich gern bestürzt.

Er bildet sich ein, im Recht zu sein, weil er in keiner Welt leben kann, wo sich jemand mit dem einen nicht anfreunden kann, ohne sich mit dem anderen zu verfeinden. Dieser Menschenverächter will allen gut sein, also wem im Besonderen?

Elsbeth hört sich alles das aufmerksam an und schweigt. Niemand kennt mehr von ihr als ihre Scheu vor mehr als oberflächlichen Männerbekanntschaften, ihr trotzig flüchtiges Vorliebnehmen mit hilflos randständigen Ausländern. Auf keinen Mann traut sie sich tiefer einzulassen, jeder erinnert sie nach kurzer Zeit an ihren Horrorvater, gegen den die Halbwüchsige regelrechte Mordpläne geschmiedet hatte. Sie ist erstarrt vor lauter Abwehr aller Gefühle, die sie auf Eis legt. Ihre Männerscheu maskiert einen abgründigen Abscheu, und dieser Ekel vor dem brüllenden Vater, der ihr noch in den sanftesten Männern entgegenblickt, ist die ganz unabnehmbare Maske über einer Sehnsucht, die sich verleugnen und kasteien muß.

Karin fragt uns ständig flehentlich, was sie tun soll, und gibt als ihre größte Schwäche zu, sich nie entscheiden zu können, ja, oft nicht einmal zu wissen, zwischen was sie wählen könnte. Darauf fallen wir nicht mehr herein, denn wenn es schief gegangen ist, kann sie sich zu leicht darauf herausreden, nur unseren schlechten Rat befolgt zu haben. Daß wir ihr vorhalten, sich nicht entscheiden zu wollen, um uns für die Folgen ihres Tuns haftbar zu machen, kränkt sie. Sie kränkelt fast immer.

Um ihren Lebensstandard halten zu können, ohne ihr Eigenheim verkaufen zu müssen, hätte sie eigentlich wieder mitzuarbeiten. Aber sobald sie sich bei einer Firma vorstellen soll, gerät sie in Panik bei dem Gedanken, angenommen oder abgelehnt zu werden, und prompt fängt ihr Rheuma-Rücken wieder an zu schmerzen: Es "geht" nicht. Einen Arzt, der ihr die Wahrheit sagt, wechselt sie unverzüglich. Der Gedanke, als invalide Frührentnerin und als ihre eigene Großmutter herumzuhumpeln, erschreckt die Vierzigjährige natürlich ebenso sehr wie eine Berufstätigkeit, die sie sich nach so vielen Jahren des Pausierens kaum mehr zutraut. So flüchtet sie vor der Arbeitsfähigkeit in die Invalidität und vor der Erwerbsunfähigkeit wiederum in den vorgeblichen Wunsch, lieber von einem Arbeitgeber zurückgewiesen zu werden. Sie dreht sich täglich im Kreise und fragt uns wie Lenin: "Was tun?" Sie macht lieber Geschenke, als welche anzunehmen; sie verpflichtet sich lieber die anderen als den anderen. Und sie "macht auf schwaches, hilfesuchendes

Weib", was Bastian so aufbringt, daß er ihr eines Tages bloße Schauspielerei vorwirft. Sie bricht in Tränen aus über diesen ungalanten Grobian, trocknet sich aber so geziert die Tränen, daß wir noch diesen kontrollierten Ausbruch als Pose empfinden müssen, was sie völlig verzweifeln und uns alle im Ungewissen läßt, ob wenigstens das nun echt ist und wir von ihr ablassen können. Bastian sagt ihr auf den Kopf zu, er habe das Gefühl, sie würde am liebsten auf Kosten anderer sich einen guten Tag machen, wenn sie das nicht öffentlich zum Krüppel und Drückeberger abstempeln würde. Von uns erwarte sie sich nur den moralischen Freibrief und das fehlende gute Gewissen dazu. Schließlich wird ihr Weinen so peinlich authentisch, daß wir mit unserem zerstörerischen Erziehungswerk zufrieden sind, Bastian großmütig um Mäßigung ersuchen und nun Karin in aller Ruhe um ihre Fähigkeit beneiden können, sich vor uns allen so verwundbar zu zeigen.

Elsbeth will jetzt doch ernst machen. Sie lernt eine afrikanische Fremdsprache, um ins Paradies auszuwandern. Sie kann sich plötzlich nicht erinnern, Weiße anders als mit Ekel erlebt zu haben, und lehnt es ab, Kind dieses weißen Vaters zu sein, eine Tochter, ein Mädchen. Sie hat immer den bösen Buben und Schwarzen Mann bewundert, der sie

nicht sein kann, hinter den sie sich stellt, den sie an
ihrer Stelle antreten läßt gegen die verhaßten Piss-
häutigen. Wir alle stehen hinter dem Aufstand der
unterdrückten Schwarzen gegen die bösen Weißma-
cher. Die Schwarz-Weiß-Malerei dieser Seelenrassi-
stin spielt die weißen Westen der Schwarzen gegen die rabenschwarzen Seelen der Weißen aus, zu
denen sie sich ja selber zählt, ohne sich die Finger
schmutzig zu machen. Sie unterbreitet uns ihre Aus-
reisepläne, uns den Rücken zu kehren, nicht ohne
Trotz : Nun will sie doch mal sehen, wer sie da noch
zurückhält! Nun sollen wir alles in die Waagschale
werfen, was wir da aufzubieten haben, das ganze
Abendland gegen Afrika. Wenn ihr nicht wollt,
wenn niemand und nichts mich hier hält, dann will
auch ich nicht. Verzweifelt triumphiert sie über uns.
Kann sie es sich leisten, vor sich selbst leisten, zum
Bleiben überredet zu werden? Sie verurteilt uns zur
Ohnmacht, das ist eine Strafe. Was wir auch vor-
bringen, es macht ihr Spaß, die Schätze Europas
zurückzuweisen und in den Dreck zu werfen. Wir
sehen schwarz für sie, die schadenfroh ist über unsere hilflosen Rettungsversuche. Sie schraubt die Bedingungen, die sie ans Bleiben knüpft, so hoch, daß
sie rechtbehalten und gehen muß. Verlangt sie nicht
schon mehr von uns als von ihren Farbigen? Selbst
wenn wir ihren Vater aufstöbern und bewegen könn-

ten, sie auf Knien anzuflehen, ... wir würden sie nur zwingen, ihren Vergeltungsschlag endlich loszuwerden. Sie ist es sich schuldig, sich deswegen nicht schuldig zu fühlen. Und wir wollen ihr den ehrenvollen Rückzieher nicht unmöglich machen, doch sie wird uns wohl verlassen.

Paula stellt sich ähnlich scheintot wie Elsbeth. Ihre Probleme will sie weniger gelöst haben, als deren Unlösbarkeit von allen bestätigt bekommen. Ihr ist grundsätzlich nicht zu helfen, und sie begrüßt nur solche Leute, die ihr dafür ein Attest ausstellen. Diese Urkunde reibt sie dann ihrem Ehemann unter die Nase, um ihn zu zwingen, sie weniger als Ehefrau, die sie sich nicht zutraut, als vielmehr als ewigen Pflegefall zu akzeptieren. Sie sucht unsere Gesellschaft, weil sie nicht allein sein kann. Panische Angstanfälle lassen sie beliebigen menschlichen Umgang suchen.

Aufgewachsen ist sie als das überbehütete Kind einer alle Sorgen abnehmenden Mutter. Als sie zum ersten Mal nach der Hochzeit die Gastgeberin im eigenen Heim spielen soll, fühlt sie sich vom guten Geist ihrer Mutter verlassen und erstarrt vor Angst. Im Folgenden muß sie ihre Arbeitsstelle aufgeben, kommt nieder und will doch eigentlich nur selber das Kind sein, das sie nun hat. Ihrem Kind glaubt sie eine schlechtere Mutter zu sein, als ihre eigene Mutter für sie gewesen war. Und ihre Schwiegermutter bestärkt sie in der Furcht, alles falsch zu machen. Ihr Mann hatte es nach der Hochzeit gegen Paulas Willen durchgesetzt, daß beide in das Haus seiner Eltern zogen, die sie nicht mochte und die sie nicht mochten. Sie traut sich nicht zu, ihren Mann umzustimmen und davon abzubringen. Sie wagt nicht, offen zu revoltieren, aus Angst, ihre Weiblichkeit könnte nicht ausreichen, daß der Mann sich ihr zuliebe gegen seinen Wunsch und gegen alle Vernunft entscheiden würde. Sie fürchtet die Niederlage als Frau und rächt sich an ihrem Mann durch ihre Neurose. Nun hat er seinen Willen – und zur Strafe eine kranke Frau – sie sind quitt. Gegenüber der verhaßten Schwiegermutter, auf die ihre Einsamkeitsangst angewiesen ist, kann sie tagsüber, während der Abwesenheit ihres Mannes, nicht so auftreten, wie sie wohl heftig wünscht. Bis heute scheut sie die Auseinandersetzung mit ihrem Mann und mit ihren Schwiegereltern, die sie ohnehin unter einer Decke wähnt, gleichermaßen. Aber ihre Ehe hält sie für gut, denn sie ist ihrem Mann dankbar für die Rücksicht, die er auf ihre Behinderung nimmt. Sie bewundert sein grenzenloses Verständnis für ihre Schwäche, weil sie solches Maß an Verständnis selber nicht aufbringen würde. Alles macht er mit, ohne Zeichen der Ungeduld, und erfüllt ihr jeden Wunsch, außer den einen wichtigsten, ihr zuliebe aus seinem Elternhaus auszuziehen. Die kindliche Anlehnung ihres Mannes an seine Eltern toleriert Paula nur, damit sie selber guten Gewissens kleben darf an ihm, der zum Erben ihrer übergüten Mutter wurde, gegen die keine Rebellion möglich ist. Die Angst vor dem Alleinsein, also vor der Unabhängigkeit, ist der passive Widerstand, der sich nicht beim Namen nennen darf, ein Verlust an Bewegungsfreiheit mit großer Prämie an erpreßter Fürsorge. Sie weiß, daß ihr Mann lieber mit einer solchen hilfsbedürftigen Frau vorliebnimmt, als sich von seinem Vaterhaus zu trennen. Nun darf sie wieder das kleine Mädchen ihrer lieben Mama sein, und hat das Leben, das sie sich immer gewünscht hat und das sie von Kindesbeinen an immer gehabt hat. Will Paula wirklich allein sein können?" erzählte der alte Dichter und Märchenonkel und fuhr fort:

„Träumt *Bastian* manchmal von plötzlichen Blackouts, die seinen Charakterpanzer wenigstens für kurze Zeit aufbrechen und aufschmelzen und ihn in gefahrlose Blitzberührung bringen mit der traumatisierenden Urszene : Wieder ohnmächtig allein mit der schwachen Mutter vor dem starken Vater stehen, ohne ihr helfen zu können und – ohne ihr vorhalten zu können, dass sie ihn immer wieder in diese demütigende Lage bringt, mit ihr vereint nur in gemeinsamer Hilflosigkeit? Wenn er sich nicht immer noch irgendwo als dieser überforderte Fünfjährige fühlen würde, der er war, könnte der Fünfzigjährige heute an seiner Frau nachholen, was der kleine Bastian damals an seiner Mutter versäumen musste? Wen hasst er mehr, den Vater, der die Mutter einst bedrohte, oder die Mutter, die durch ihre Hilferufe das Kind zur Ohnmacht gegen den Vater verurteilte? Wen liebt er mehr, die Mutter, die er vor dem Vater schützen soll, oder den Vater und Bruder, deren Kraft er bewundert?

Ein Dilemma : Wie kann er ein Mann werden, ohne selbst dieser Wüterich zu werden, den er doch auch entmachten möchte? Rätselt er bis heute, was sein Vater erlebt haben mag, um nicht wiederholen zu müssen, was er in seinem Kinderbett selber gefühlt haben muss? Er sucht Bilder für seinen unentscheidbaren Grabenkrieg mit dem Vater. Muss er ein Schrittchen nachgeben, damit der Vater sich eine Blöße gibt und in die Falle des Gegners läuft?

Schwer von Begriff, doch leicht von Ergriffenheit, und Ausnahmeregelung be(s)tätigt sich selbst.

Will er den Vater als Helden sehen oder als Untäter entlarven oder selber als so ängstlich klein, wie der kleine Junge vor ihm einmal gewesen war? Versteckt er sich hinter seinem Vater, um ihm nahe zu sein, oder verschiebt er sein eigenes Problem auf dessen imaginierte Probleme? Liegt H5 verschüttet in H50, verfolgt von der Angst, mit "richtigen Männern" verglichen zu werden, und voller Groll gegen die Mutter, die ihn (ungewollt) gedemütigt hatte durch seine Ohnmacht, sie aus den Händen des Drachen zu befreien? Geblieben ist sein Zweifel, ob er heute mehr kann als das Kind, das er irgendwo noch heute ist und das wie ein chronischer Krüppel oder Idiot, wie eine Familienschande, vor ihm selbst und vor anderen versteckt wird? Seine Homosexualität ist überhaupt keine : sie erlaubt ihm nur, sich männlich zu fühlen, ohne diese Männlichkeit dann durch Vereinigung mit Frauen in Gefahr zu bringen.

"Tunte oder Macker"? Die passive Homosexualität fürchten heißt, die eigene Ähnlichkeit mit der schwachen Mutter zu fürchten und vor Vater und Bruder wie ein kleines Mädchen dazustehen; aber ein harter Bursche unter harten Burschen sein hieße, nie wieder im weiblichen Morast ("Abyssus") der Beziehungskünste untergehen und seine Konturen darin verlieren zu können.

Bindungen werden erlebt als Fallen, aus der nur spirituelle "Metasprünge" befreien, und Frauen sind nur Sümpfe, in denen Männer auf Nimmerwiedersehen versinken? Aber dem armen H5 wird kein Recht dadurch, dass der H50 ihm heute intellektuell weit überlegen ist. Durch ehrgeizige Intellektualisierung erstickt der Fünfzigjährige nur die Schreie des kleinen Fünfjährigen in ihm; er hält ihn sich vom Leibe wie die Frauen, die ihn mit Auflösung seiner Ichgrenzen bedrohen. Aber wer hilft weiter, solange dieser Fünfjährige gar nicht herauskommen und ungestraft weinen und wüten darf? Wenn das gefangene Kind zu Wort kommen dürfte, würde es nicht glänzen können wie ein Künstler, sondern heulen müssen wie ein Baby, das zu früh die Rolle eines Erwachsenen spielen sollte und sich diese Rolle deshalb auch als Erwachsener noch nicht zutraut.

Geht es nur darum, innere Kämpfe zu Geschlechterkriegen aufzubauschen, oder hinter dem Interesse für Militaria die mystifizierten Zimmerschlachten des 'Ehekrieges' auszugraben? Arbeitet die künstlerische Verkleidung nun der psychologischen Aufdeckung bloß entgegen oder in die Hände? Wird da der Wunsch, das große Leiden endlich loszuwerden, zum Wunsch, es zu einem großartigen Musikstück zu machen und dadurch zur wahren

Gesundheit umzudeuten? Dann hätte sich ja der Krankheitsgewinn nur in die narzisstische Befriedigung geflüchtet, die der künstlerische Ehrgeiz verspricht, und die listige Not würde ein weiteres Mal triumphieren über den umgangenen Leidensdruck. Wird das Pferd da nur vom Schwanz aufgezäumt?

Wie dünn ist die Schicht, die ihn trennt von dem überforderten Kleinkind, das dem Spiel der Erwachsenen sich hilflos ausgeliefert fühlte! Droht hinter jeder realen Frau das Gespenst einer Mutter wieder aufzuerstehen, die so erlebt wurde, als wollte sie ihren Sohn nur erniedrigen durch seine eklatante Unfähigkeit, den besseren Ehemann zu spielen?

Nur der Selbstunsichere muss jedes Gegenüber erst einmal als Rivalen entwerten : Jeder Mann, der auftaucht, ist wieder Big Brother, der alles besser kann. Männer zieht Bastian nicht Frauen vor, sondern "liebt" Männer, um sie nicht als Rivalen um die Gunst von Frauen fürchten zu müssen. (Mancher gesteht seine Pseudo-Homosexualität nur, um nichts Peinlicheres sich eingestehen zu müssen : Ist diese "Homosexualität" hier ein Schutz vor noch ungleich massiveren Vernichtungsängsten?)

Appetit geht beim Essen anderer.

Heißt eine Frau lieben dann Gefahr laufen, ihr nicht genügen zu können, wie der Fünfjährige damals ohnmächtig zusehen musste, wie Vater und Hausfreund sich um die Mutter balgten? Mit jedem Interesse an einer Frau tauchen nun die männlichen Selbstzweifel des Kindes wieder auf, die zusammen mit dem Interesse an den Frauen abgewehrt werden müssen. Diese ganz raren „Eifersuchtsanfälle", in denen vielleicht ein gutes Stück verschütteter H5 zum Vorschein gekommen war, verschwanden leider ebenso unvermittelt, wie sie aufgetreten waren: Wie können sie wirklich durchgearbeitet sein, wenn sie überhaupt kein sichtbares Interesse an der Frau hinterließen, um die es gegangen sein soll? Waren diese real völlig unbegründeten Eifersuchtsschübe nur kurz geöffnete Fenster, die einen flüchtigen Blick ins Innerste freigaben, und musste das schnell wieder zugedeckt werden, weil es gefährlich war?

Er glaubt vielleicht wirklich gar nicht, sich selbst für ein verkanntes Genie zu halten, aber er leistet sich Dinge, die sein Publikum kaum einem wirklichen Genie ungestraft durchgehen ließe.

In Sportarten, wo er zu unterliegen droht, tritt er gar nicht erst an, und wertet die Disziplinen ab, in denen er nicht strahlender Sieger ist. Dieses

Schlitzohr will lieber in ehrenvollen Disziplinen ehrenvoll scheitern als in verächtlichen Sportarten siegen, aber verächtlich nennt er ja Disziplinen, in denen er zu unterliegen fürchtet. Sollen sie sich ruhig alle auf dem Schlachtfeld des Alltagskrams zu Tode siegen, wenn er nur besser alle anderen zusammen eine Musik von Bach verstehen kann. Alle Alltagskompetenzen lässt er sich eine nach der anderen widerstandslos aus der Hand nehmen, räumt den Big Brothers, die er in allen Männern sieht, bereitwilligst das Feld, wenn ihn nur nicht die überlegene Kompetenz auf dem Gebiet der Musikkennerschaft streitig gemacht wird, als sei schon der ein großer Künstler oder Kunstkenner, der keine Bankeinzugsermächtigung ausfüllen kann, ohne sich halb umzubringen. Leider beunruhigt ihn nie der Verdacht, die Fähigkeit, eine Komposition zu verstehen, könnte mit seiner Unfähigkeit, seine Frau zu lieben, mehr zu tun haben, als ihn lieb und teuer ist. Ein Professor für Ägyptologie darf ein liebenswert zerstreuter Tollpatsch im Alltag sein, ohne aufzuhören, ein großer Gelehrter auf seinen Fachgebiet zu sein, aber ein Jurist, der seine Frau in die Rolle der Effi Briest selber hineintreibt und für sich die Rolle Instettens und nicht des Majors von Crampas reservieren kann, dürfte auch den Roman von Fontane nicht ganz richtig gelesen haben. Kann man eine

Musik wirklich verstehen, ohne sich auf das Leben zu verstehen, um das es darin geht? — Er könnte es lernen, den Alltag zu meistern, aber er will nicht, er ist sich zu gut dazu : Er will nicht können und kann deshalb gar nicht wollen. Wenn die Fähigkeit, eine moderne E-Musik zu goutieren, erkauft ist mit der eklatanten und verstockten Weigerung, das Abwickeln von Behördenschriftverkehr zu lernen, dann kann auch diese Musik nicht richtig interpretiert sein, argwöhnen seine Frau und seine übrigen Kritiker, und sie argwöhnen das vielleicht ganz zu Recht. Ganz zu Unrecht glaubt er mehr Recht zu haben, seine Kritiker für Trottel zu halten, als von ihnen für einen Tölpel gehalten zu werden. Und seine Frau hat er erst zu der gemacht, unter der er heute leidet, um es ihr vorwerfen zu dürfen.

Er nähert sich dadurch seinem Vater, dass er sich ins Friedenszeiten oft nicht viel anders fühlt, als der sich zu Kriegszeiten gefühlt haben mag, hilflos im Schützengraben festgenagelt und der Schlacht mit dem Feind ausgeliefert. Das erinnert ihn an den halb im Mutterleib steckengebliebenen und nicht ganz zu Ende geborenen harten Kerl mit seinem Blackout gegen den eigenen Charakterpanzer. Das erinnert ihn an Weltuntergangsgefühle eines Säuglings im engen Geburtskanal. Freud hatte die Universalität von Otto Ranks Theorie des lebenslangen "Geburtstraumas" angezweifelt. Wer hat Recht, C. G. Jungs "Symbole und Wandlungen der Libido" oder Melanie Kleins "Psychoanalyse des Kindes"? Aber die Jungs analysieren gar nichts, sie bestätigen uns nur in unserem bequemsten Irrglauben.

Pseudokonkreter Pointillismus eines bloßen Reisefeuilletons als Gedankenflucht durch Reisewelten? Dass seine Rede beginnt mit der durch keine weitere Exposition begründbaren Akribie einer Hausfassadenbeschreibung, ist symptomatisch : Die Arbeit bleibt bei der Fassade stehen und schließt das Hausinnere nirgends auf. Und dann sahen wir dies und dann sahen wir das, und dann kam A und dann ging B, und wenn wir nicht gestorben sind, dann machen wir immer weiter Weltinventur. Sagt hier einer immer mehr, um etwas viel Wichtigeres verschweigen zu dürfen? Sehnsucht nach *unio mystica* als nekrophiler Todestrieb? Das ist auch nur *taghelle Schleudermystik*, die er bei anderen verachtet.

Widerspruch : Einerseits weiß er, seine Frau schlägt ihn und meint doch ihre Mutter, andererseits schlägt er zurück, als sei er selbst gemeint. Auf der Suche nach einem Vorwand, sich ganz von ihr zurückzuziehen, unterstellt er seiner Frau, die Ehe unerfüllbar überzogenen Forderungen zu unterwerfen. Auf der Suche nach einem Vorwand, ihren Mann durch Schuldgefühle an sich zu binden, unterstelle sie ihm, sich vor der Ehe zu drücken. Versachlichung der ehelichen Beziehungen zu einer bloß rationellen Alltagsorganisation : Was für ihn ein vernünftiger Kompromiss wäre, ist für sie eine bedingungslose Kapitulation im Ehekrieg, und was für sie ein bloßer Kompromiss wäre, das ist für ihn schon die unerreichbar ideale Ehe, eine Karikatur.

Er erträgt an seiner Frau nicht mehr diese Attitüde der Höheren Tochter, die von ihm einfordert, was ihre Mutter immer an ihr versäumt haben soll, und sie erträgt an ihrem Mann nicht mehr die Attitüde des ewig notorisch Beziehungsunwilligen, der von ewig klagender Mutter dauermissbraucht worden sein will. Fordert sie ein Maximum, weil er nicht einmal mehr ein Minimum gibt, oder kann er nicht freiwillig geben, was sie als Rechtstitel einfordert? Darf sie bis zum Lebensende Entschädigungsklagen für ihre Kindheit führen − und er sich davon lebenslang missbraucht fühlen mit dem Recht seiner bösen Kindheitserinnerungen an ewig lamentierende Frauen? Kann keiner von beiden (nach)*geben*, weil er das Gefühl hat, der andere *nehme* sich viel zu viel gegen ihn heraus? Verlangt sie heute zu viel von ihm, weil sie früher von ihrer Mutter zu wenig bekam, und warum bekommt sie von ihm nicht, was sie sich von ihrer Mutter vergeblich wünschte : das Gefühl, für ihn die erste und einzige zu sein, die sie für ihre Mutter nicht gewesen war? Darf sie bei ihm nicht die erste Geige spielen, weil sie ihn nicht die erste Geige spielen lässt, oder umgekehrt? Was bekommt er von ihr denn nicht, dass er ihr nicht geben kann, was sie braucht, um ihm geben zu können, was er braucht, um ... ? Wäre er wirklich bereit, ihr das Ihrige zu geben, wenn sie nur kein Recht darauf beanspruchen würde, oder braucht er ihr Unrecht, um einen Vorwand zu haben, dass er ihr auch das Legitime verweigert und sich gar nicht erst ernstlich auf sie einlässt?

Jeder von beiden weiß, dass er unterscheiden lernen müsste zwischen berechtigten und kindischen Forderungen, bei sich und beim anderen, aber das ist ja eben das Problem: Nennt nicht jeder seine eigenen Ansprüche recht und billig, um die des anderen überzogen schimpfen zu dürfen, und umgekehrt? Hat sie so oft von ihm verlangt, ihre heute überzogenen Forderungen wie legitime Forderungen zu erfüllen, dass er inzwischen auch ihre billigen Forderungen (an den Ehemann) schon wie kindlich maßlose Forderungen (an die enttäuschende Mutter) abweist? Wenn ich ihre recht berechtigten Nähe-Erwartungen an den Mann erfülle, kommt dahinter sofort der Pferdefuß ihrer Über-Erwartungen an die Mutter zutage, klagt er. Wenn ich sein berechtigtes Interesse an einer eigenen Welt respektiere, kommt dahinter sofort der alte Pferdefuß seines Rückzugs von allen kompensationshungrigen Frauengestalten zum Vorschein, und ich bleibe völlig allein, klagt sie. Vor lauter Angst, wie immer zu wenig zu bekommen, verlangt sie immer zu viel, − klagt er. Vor lauter Angst, wie immer zu viel geben zu müssen, glaubt er, wie immer überhaupt nichts geben zu müssen, − klagt sie. Nennt sie ihn kalt und egoistisch, um überhaupt etwas von ihm verlangen zu können, und nennt er sie dreist und gefräßig, um sie sich vom Leibe halten zu dürfen? Unter dem Vorwand, Erwartungen an die Mutter nicht erfüllen zu müssen, werden auch legitime Erwartungen an den Ehepartner mitabgewehrt. Und hält er sie in ihrem Unsinn fest, um seinen Unsinn festhalten zu können? Blockt sein gesunder Anteil nur ihre Erwartungen an die Mutter ab oder blockt seine Abwehr nur ihre berechtigten Erwartungen an den Mann ab?

Fazit : Die eine Hälfte der Kindheitswünsche müsste endlich aufgegeben werden, die andere aber vom Ehepartner nachträglich miterfüllt werden dürfen. Kurz : Dürfen beide sich noch auf eigene Kindheitsverletzungen berufen, um ihre Unwilligkeit zu rechtfertigen oder ihre Unfähigkeit zu begründen, dass sie die Kindheitsverletzungen des anderen nicht heilen helfen? Verkommt da nicht, was zu Beginn noch plausibel war, am Ende zum bloßen Alibi für die eigene Unbeweglichkeit? *Paradoxe Verschreibung* : Die Mannwerdung gelingt nur *mit und an* seiner Frau, aber er sucht erst einmal Ruhe *vor* seiner Frau, um *ohne und gegen* sie zum Mann zu werden, *durch* eine Musik, die er *über* seine Mannwerdung schreiben will? Wird das zum künstlerischen Outing der homosexuellen Anteile eines Mannes-an-und-für-sich im luftleeren Raum, oder kommt seiner Frau das letztlich zugute? Es steht zu fürchten, dass seine Musik sie gar nicht beeindrucken kann. Ist die geplante Musik nun die Lösung des Rätsels oder nur Teil des Rätsels?"

„*Bastian* gibt noch eben die vage Möglichkeit zu, von seiner neurotischen Frau neurotisiert worden zu sein. Daß seine eigenen Neurosen es aber waren, die seine Frau neurotisiert haben könnten, liegt außerhalb seines ausgeblendeten Selbstbeobachtungsrahmens. Niemand verlangt von ihm die flagellantische Selbstgeißelung, aber grenzt seine Fähigkeit zur Selbstbeurteilung an dickfellige Selbstgerechtigkeit?

Als sie einander kennen lernten, hatte er sie fasziniert, und er räumt ein, fasziniert gewesen zu sein von jemandem, der sich von ihm habe faszinieren lassen. Er habe sich selbst akzeptieren können, weil eine Frau ihn akzeptiert hatte, und er habe in ihr den Menschen ausgezeichnet, der ihn mit Aufmerksamkeit ausgezeichnet hatte, was ja die übliche Art ist, sich mit anderen dauerhaft zu vereinigen. Allerdings war sie auch nur von dem ersten Mann fasziniert gewesen, der sie einer schmeichelhaften Aufmerksamkeit gewürdigt hatte. Und sie sonnte sich in den Bemühungen des ersten Menschen, der sie gewürdigt hatte, seine geistigen Schätze an sie zu verschwenden. Sie habe also an ihm gehangen, stolz darauf, ihren Jungmädchenstolz, überflüssig wie ein Kropf, bei ihm abgeben zu dürfen, und es habe nicht ausbleiben können, daß sie ihm auf die Schliche gekommen sei. Sie hat ihm nie verziehen, auf einen bramarbasierenden Schwadroneur hereingefallen zu sein, argwöhnt er, wenn er von seinen wirklichen Verfehlungen ablenken will. Er habe sie blenden wollen und auch tatsächlich geblendet. Es ist, als wollte er sagen : Was sind wirkliche Vorzüge gegen diese Fähigkeit, über ihr Fehlen erfolgreich hinwegzutäuschen? In Wirklichkeit sei sie natürlich eher geschmeichelt, daß er sich sogar bis zur Vorspiegelung falscher Heldentatsachen erniedrigt hat, um ihr zu imponieren und sich ihr damit in die Hand zu geben. Nun aber sei sie durch vier Kinder an einen Mann gefesselt, der unter Alkohol das große Wort führen, aber nicht einmal eine Banküberweisung ausfüllen, geschweige denn zwei oder vier Menschen zusammenzählen könne.

Will man ihm glauben, hat sie die ganze Ehe damit zugebracht, ihm vorzuhalten, daß er nicht der Mann sei, als der er sich von Anfang an ausgegeben habe, und sie bestrafe ihn für diesen ehelichen Betrug mit der Weigerung, den zu bewundern, der ihr nicht verhießen war. Er habe ihr nicht nur die Ehe versprochen, sondern die Ehe mit einem Mann, der schließlich noch kein Bach sei, nur weil er keine Ahnung vom heutigen Leben habe. Sie höre nicht auf, ihn zu messen an seinen großen Reden vor dreißig Jahren, mit denen er sie beeindruckt hatte, klagt er. Nun wolle sie wenigstens die Hälfte von dem Kerl, der ihr standesamtlich in Aussicht gestellt worden war, und fordere ihr Recht ein auf seine eigenen Worte.

Er klagt sie an, ihn anzuklagen, daß die von ihm freigiebig ausgestellten Schecks in keinem Augenblick der Ehe gedeckt waren. Sie verlangt nicht wie üblich die Hälfte des während der Ehezeit Erwirtschafteten, sondern die Hälfte des eben nicht Erwirtschafteten. Sie verlangt gar keinen Märchenprinzen und Supermann, keinen Einstein oder Bach, aber wenigstens jemanden, der nicht so tut, als verstünde er etwas von einem Johann Sebastian Bach, nur weil er nichts von Geldgeschäften versteht.

Sei es denn fair, ihn ehelebenslang die falschen Vorspiegelungen entgelten zu lassen, mit denen er sie am Anfang für sich gewinnen wollte und nun zu verlieren droht? Wenn er Fehler begangen hat, seine Stimme wird gönnerhaft, dann seien sie höchstens dort zu suchen, daß er den Jungmädchenträumen seiner Frau nicht rechtzeitig und beherzt genug entgegengetreten sei, daß er seine eigenen männlichen Minderwertigkeitsgefühle stets nur habe ausbeuten lassen, daß er sich habe lähmen und kleinhalten lassen durch die Keule, die er selbst in ihre Hände gelegt habe.

Warum solle sie mit einem Mann schlafen, meint sie, der so wenig bereit sei, zuvor ihre elementarsten Wünsche ernst zu nehmen, und der nur Bett wolle, um allen Gesprächen auszuweichen. Sie binde ihre sexuellen Zärtlichkeiten nicht an kulturelle Übereinstimmung mit einem Mann, aber er sei zu Gesprächen gleich welcher Art weder vor noch nach dem Bett bereit oder fähig. Ob es wirklich immer so gewesen sei, wisse sie nicht, habe es aber immer so empfinden müssen.

Da könne er nur lachen, wenn er das höre. Sie rede sich da doch um Kopf und Kragen, wenn sie die ganze Sache so auf den Kopf stelle. Immer sei sie nur hinter ihm her gewesen, aber nicht, um mit ihm Liebe zu machen, sondern um das, was sie Liebe nenne, an verrückte Bedingungen zu knüpfen, die ihn ja nur abhängig und schuldbewußt machen sollten, wenn er sie nicht erfüllen konnte.

Vom Podest habe sie ihn so weit heruntergerissen, wie ihre Enttäuschung über seinen vermeintlichen Ehebetrug reicht, aber sie habe ihn auch wieder so hoch aufs Podest gehoben, daß sie sich als Frau nicht verachten müsse, weil sie einen so verächtlichen Mann ganz freiwillig gewählt habe. Ihre Schwächen kenne er so ziemlich alle, auch wenn sie seine Schwächen ebenso gut kenne. Er sei das Opfer ihrer Machenschaften, er sei wohl fein heraus? Ihr Meisterstück aber habe sie sich vor Jahren geleistet. All ihre Vorwürfe fallen auf sie selbst zurück, und die Schwere ihrer Vorhaltungen beweise nichts als die Schwere ihrer Verirrung.

Gewiß, auch er sei kein reines Opferlamm, er ist nicht so dumm, seine dunklen Flecke zu leugnen. Zuweilen sei er etwas faul und chaotisch, zugegeben, und das sei ihr gar nicht immer so verhaßt gewesen, solange sie sich von der kleinbürgerlichen Wohlanständigkeit selber noch freistrampeln wollte.

Kleine Fehler und Schwächen gebe er nur zu, sagt sie, um die größeren und die peinlicheren desto sicherer hinter Scheingeständnissen verbergen zu können. Er lasse doch gar nichts an sich herankommen, er mauere und blocke alles ab, wenn es ans Eingemachte gehe und endlich an die wirklich heißen und springenden Punkte komme.

Welche das denn nun wohl seien, höhnt er. Halte gerade sie sich für kompetent, um über jemanden wie ihn zu sprechen? Auf dieser Ebene diskutiere er nicht mit ihr, dafür sei er sich dann doch zu schade. Sie wolle immer nur die Grundsatzdiskussion und die eheliche Grundlagenforschung, bei denen nichts herauskomme und die ihr nur Gelegenheit geben sollen, ihre Maximalforderungen mit einem Schein des Rechts zu bemänteln. Das Ergebnis dieser so scheindemokratischen Ehekonferenzen stehe von vorherein fest. Da werde er jedes Mal gemessen, gewogen und zu leicht befunden.

Diese Familientribunale tarnen sich ganz unschuldig als harmlose Aussprachen und seien doch nur Fallen, solange sie es sei, die die Spielregeln bestimme.

Kinder seien gezeugt worden, weil sie es so wollte und wann nur sie es wollte. Sie habe ihn zum Hanswurst gemacht, und er habe sich vorzuwerfen, daß er sich zum Hanswurst habe machen lassen. Um des lieben Friedens willen habe er ja stillgehalten, gefesselt durch seine Schuld- und Minderwertigkeitsgefühle. Daß er sich niemals als ganzen Mann empfand, das habe sie hemmungslos für sich selber ausgebeutet. Die Frau, die ihn reizt, traut er sich nicht zu, und die ihm keine Angst macht, langweilt ihn schon allzu bald.

Aber daß er sich nicht heranwage an Frauen, die ihm gefährlich werden können, dafür dürfe er doch sie nicht verantwortlich machen. Was könne sie dafür, daß eine Frau, die sein Gemüt friedlich stimme, seinen Stolz und seine Sinne nie befriedige? Warum bestrafe er sie für seine Impotenz vor echten Frauen? Er werfe ihr da vor, daß sie ihm vorwerfe, nicht ihr Märchenprinz zu sein. Nicht nur eigenwillige Frauen könne er nicht ertragen, überhaupt keine Menschen mit einem eigenem Willen wolle er um sich dulden.

Leute, die etwas mehr seien als die bloße Fortsetzung seines Wunschdenkens mit anderen Mitteln, würden ihn schlicht in Panik versetzen und nur in Rückzugsgefechte verstricken. Sie stellen eine permanente Bedrohung der Grenzbefestigungen seiner wertesten Persönlichkeit dar; unter anderem Blickwechsel könne er die doch gar nicht sehen. Sie würden es wagen, mehr als seine Satelliten zu sein und müßten für diese Majestätsbeleidigung, die ihr bloßes Dasein für ihn sei, mit Tobsuchtsanfällen seiner gekränkten Eigenliebe und seiner bedrohten Integrität rechnen.

Ein Blut vom eigenen Blut, ein Fleisch vom eigenen Fleisch, das könne er gerade noch verkraften, ohne in Jähzorn zu erstarren, aber ein Gegenüber, noch dazu ein weibliches, mit eigenen Vorstellungen von einer Liebesbeziehung und vom Leben, das sei denn doch ein Kapitalverbrechen und ein Vorwand für Dekompensationen. Was verlangt er da? Solle eine Frau sich geschmeichelt fühlen durch eine Eifersucht, die gar nicht ihr gelte, sondern nur einem Phantom von verletzter Eitelkeit?

Jahrzehntelang sei sie ja hinter ihm hergerannt, um ihn nicht sein zu lassen, wie er nun einmal sei, und nun habe er mal den Spieß umgedreht und sei hinter ihr hergerannt, wie sie es immer haben wollte, und nun sei es offensichtlich auch wieder nicht recht? Was wolle die Prinzessin auf der Erbse denn nun eigentlich? Wenn er sich ständig entziehe, wie sie klage, sei es falsch, und wenn er sich heiß um sie bemühe, dann sei es noch weniger richtig, höhnt er. Oh, wie sie seine Eifersucht doch genossen habe, die sie angeblich so belästigt habe, wenn man ihr glauben dürfe! Da habe sie die Qualen heimzahlen können, die er ihr angeblich die ganzen Jahre hindurch bereitet haben soll, wenn er sie halbwegs richtig verstehe. Eine solche Gelegenheit habe sie einfach nicht ungenutzt verstreichen lassen können, darauf habe sie lange gewartet, so etwas würde so leicht nicht wiederkehren. Wo war dann plötzlich ihre frustrierte Sehnsucht nach Nähe und vertrautem Gespräch geblieben, als er das selbst einmal brauchte? Auf dem Absatz sei sie umgekehrt und habe ihn triumphierend im kalten Regen stehen lassen, allein mit seiner marternden Eifersucht, und mit der kaltschnäuzigen Weigerung, seine Phantasien an der Wirklichkeit zu überprüfen. Für sie genügte es ja, daß das alles egoistische Einbildungen gewesen sein sollten, und daß er litt, war ihr nur recht. Nun hätte sie doch mal beweisen können, wie ernst es ihr mit ihren ewigen Beziehungssehnsüchten gewesen sei! Solange er sich ihrem erpresserischen Beziehungsterror entzogen hatte, habe sie nicht lockergelassen mit ihren Klagen und Anklagen, und nun, als er sie einmal bei Wort nehme, habe sich gezeigt, wie ernst das alles gemeint gewesen sei.

Oh, er verdrehe alles, wie es ihm in den Kram passe. Wie habe er ihr da zugesetzt, wie sei er da mit seinen irrwitzigen Verdächtigungen auf sie eingedrungen und habe sie zum Wahnsinn getrieben mit seinen abseitigsten und verschrobensten Vorstellungen. ── Kein Anfang ohne Abwurf.

Wenn sie mit bestem Gewissen leugnete, habe er sie nur eine Lügnerin und Ehebrecherin und sogar Hure genannt. Nur, um wieder ihre Ruhe zu habe, sei sie nahe daran gewesen, einen Seitensprung zu gestehen, an den sie auch nicht im Traum jemals gedacht habe. Wenn sie ihm die Wahrheit sage, quäle er sie, bis sie ein Lügenprotokoll unterschreibe, um sich ihn vom Hals zu schaffen. Das sei nicht die Art von Nähe gewesen, die sie immer erträumt hatte, das nicht! Wenn das die Art von Liebe sei, die er zeigen und geben könne, dann herzlichen Dank und Aufwiedersehn und Lebewohl in Frieden! Darauf könne sie leicht verzichten, davor sei sie weggelaufen, vor diesen Inquisitionsverhören sei sie geflüchtet und nicht vor der nackten Wahrheit, wie er sie so verstehe. Dabei habe sie ihm nicht helfen können, beim besten Willen nicht; das habe er mit anderen auszubaden und nicht an ihr auszulassen.

Und daß sie ihre Sehnsucht nach vertrauter Nähe nicht wiederfinden könne in diesen Exzessen einer gekränkten und überreizten Einbildungskraft, das sei doch wohl nicht ihr anzukreiden, oder? Aber daß sie hier versagt haben soll, daraus drehe er ihr bis heute einen Strick nach dem anderen. Es ist so lächerlich, und er sei lächerlich. Vor ihrem angeblichen Versagen und vor seiner leibhaftigen Panik habe er sich nur schützen können, indem er seine Frau vom begehrenswerten Vollweib kurzerhand wieder in die reizlose Figur zurückverwandelt habe, ebenso unvermittelt, wie er zuvor das Gretchen in eine ruchlose *femme fatale* verzaubert habe, kraft seines phantasievollen Irrsinns.

Natürlich habe sie weder mit der einen noch mit der anderen Ausgeburt seiner krankhaften Phantasie wirklich etwas zu tun, das verstehe sich von selbst. All diese Spielchen von Erhöhung und Demontage des Gegenüber, er brauche das nur, um sich vor der eigenen Selbstvernichtung zu bewahren. Was haben all diese Halluzinationen mit ihr und ihrem Leben zu tun? Sie wolle sich nicht in seine

Hirngespinste einschließen und von seinen Auto-
dafés verheizen lassen. Er sei gefangen in seinen
Phantasmen, und die Realität störe da nur die Spiele.
Wenn sie als Frau wenigstens noch einen einzigen
Reiz für ihn hätte!"

„Aber nun wieder zu *Bernd-August*, den wir
aus den Augen verloren haben", seufzte der Dichter.

„Sie lässt sich allzu gern überzeugen, dass sie alles
Menschenmögliche getan hat, um ihrem armen
Mann zu helfen. Der Psychologe setzt alles auf diese
eine Karte und hämmert ihr ein : „Sie können ihrem
Mann nicht helfen!" Das heißt doch im Klartext:
„Verschwenden Sie nicht ihre kostbare Zeit und
Kraft damit, einem unheilbaren Psychopathen helfen
zu wollen. Sie habe die sechzig schon überschritten.
Wenn Sie noch etwas vom Leben haben wollen,
müssen sie sich beeilen. Werfen Sie Ihre ehrenwer-
ten, aber falschen Skrupel über Bord und greifen Sie
sich, was Sie vom Leben noch bekommen können.
Halten Sie sich nicht damit auf, diesem Klotz an
Ihrem Bein überflüssige Rücksichtnahme zu wid-
men. Leben Sie, statt sich vergeblich um das Leben
Ihres Gatten zu grämen. Wenn Sie ihm noch helfen
könnten, wäre Ihr Opfer ja nicht umsonst − aber so?
Es ist verlorene Liebesmüh, die weder ihm noch

Ihnen noch helfen kann. Schließen Sie sich nicht in die Unheilbarkeit ihres Mannes ein : Die eigenen vier Wände würden für Sie beide zum gemeinsamen Grab schon zu Lebzeiten. Befreien Sie sich nur, und wenn nicht von Ihrem Gatten, dann wenigstens von ihrem schlechten Gewissen. Sie machen es nicht schlimmer, wenn Sie Ihren Mann sich selbst und seinem Elend überlassen. Sie haben alles getan, und was hat es geholfen? Wenn Ihr Mann die eigenen vier Wände nicht mehr verlassen will, ist das allein seine Sache, und sollte für Ihre Loyalität kein Grund sein, ihm dabei lebenslänglich Gesellschaft zu leisten. Ihr Mann kann Sie mit in den Abgrund reißen, vor dem Sie ihn nicht retten können. Ich habe als Psychologe die Pflicht, Sie davor zu warnen und Ihnen bisher ja verschlossene Lebensmöglichkeiten wieder zu eröffnen." – Er sieht sie abwartend an.

Sie wehrt sich nur schwach dagegen, zu ihren eigenen Wünschen überredet zu werden. Sie weist hin auf die unschätzbaren Dienste, die der liebe Gatte ihr lebenslang erwiesen hat. Während des ganzen Ehelebens war er ihr bester Berater gewesen, ihr nimmermüder Daseinsmanager und Lebenscoach. Sein pragmatischer Sinn hat sie durch alle Fährnisse der Berufswelt sicher geleitet, gibt sie zu bedenken. Seinen Tipps war sie immer gefolgt und hatte es nie zu bereuen gehabt, und nun sollte sie ihn mit fachmännischem Segen seinem Elend überlassen, wo er zum ersten Mal selber Beistand brauchte? Sie soll den in Stich lassen, der sie nie in Stich gelassen hatte, und drauflosleben, als wenn nichts wäre? Wie konnten die Experten ihr nur zu *ungestörter Genussfähigkeit* raten, und lasst den Toten seine Toten begraben? Nun, da ihr Mann ihr nicht mehr helfen konnte, suchte sie Hilfe bei Fachleuten, ja, verbündete sich mit ihnen, gegen ihren hilflosen Mann.

Dieser Therapeut hatte seinen Mann gestanden und war gut gewesen, als es galt, sie aus den Fesseln ihrer ewigen Angst um ihren Mann zu befreien. Damals hatte sie kaum gewagt, das Haus zu verlassen, in ständiger Panik, dass ihrem Mann unterdes etwas passieren könnte. Wenn Sie mal unterwegs in der Stadt zu einer Veranstaltung war, konnte sie so ziemlich sicher sein, per Handy zurückbeordert zu werden : Komm schnell, es geht mir nicht gut! Und ihre Panik gehorchte blind seiner Panik, aber zu Hause durfte sie erleben, dass es wieder einmal nur Fehlalarm gewesen war. Sie trieben es beide soweit, dass sie ihn kaum noch allein lassen konnte, um einkaufen zu gehen. Es war noch nie etwas passiert, aber jederzeit drohte etwas zu passieren — was auch immer, ein schrecklicher Zusammenbruch, ein Anfall, ein Herz- oder Hirninfarkt oder etwas in dieser Preislage lag als Gefahr stets über ihm. Diese Angst vor der Gefahr war viel größer als die Gefahr selber und vergröberte sie ins Maßlose und terrorisierte alle zugleich. Das war aber etwas besser geworden.

„Daraus hat der Psychologe dich befreit. Du hast die Freiheit genossen, dich mal sorgloser außerhalb des Hauses zu bewegen. Du hast sogar neue Menschen kennengelernt, hast wieder gelernt, dich ihnen zu öffnen und sie für dich zu interessieren; du unternimmst etwas mit ihnen, dein Leben hat sich und dich erneut bereichert. Währenddessen sitzt dein Mann allein zu Hause und wird immer ärmer, je reicher dein Leben wird. Und du hast ein immer besseres Gewissen dabei. Man hat dir ja bewiesen, dass dein Mann deine hilflosen Hilfsangebote nur immer wieder als inkompetent zurückgewiesen hat." Ihr Mann und Ihr Therapeut waren sich einig, dass sie objektiv wie subjektiv nicht helfen kann. Er will sich nicht helfen lassen, sondern ihr nur beweisen, dass sie dazu unfähig ist, auf Schritt und Tritt.

„Er weiß alles besser, was gut für ihn ist, und legt sich die Karten, statt zu Ärzten zu gehen. Er nimmt rezeptfreie Medikamente nach Gutdünken in Unmengen ein und wirft ihr vor, ständig Hilfe von außen zu suchen, statt sich und ihm selbst zu helfen. Sie weiß nicht mehr weiter, sie hat alles versucht, was in ihren Kräften steht", sagte der Dichter leise.

„Er ist ein erwachsener Mensch, er muss selbst wissen, was er aus seinem Leben nicht macht, wenn er unbedingt zugrunde gehen will, ich kann ihn nicht hindern. Ich passe auf, dass er genügend isst, dass er nicht zu viel Bier und zu wenig Wasser trinkt. Ich lade ihn ein ins Restaurant, und er sagt, dass er keinen Appetit hat. Ich lade ihn ein zu einem Ausflug, und er zieht sich todmüde ins Bett zurück. Keine Bekannten besuchen uns noch; mein Mann vertreibt jeden durch seine Unhöflichkeit, die er beharrlich mit Aufrichtigkeit verwechselt. Er fährt allen über den Mund und sagt jedem nur undiplomatisch verletzend und schroff gleich auf den Kopf zu, was er für die Wahrheit hält, und benimmt sich unmöglich, so dass man sich für ihn schämt vor allen Gästen. Und was sagt er, wenn er mit mir allein ist?"

„Du hast alles getan, was du kannst, sagst du dir. Könnte es nicht eher sein, dass du nur ein gutes Gewissen brauchst, um allein in die Stadt zu fahren und dich dort deinen so viel interessanteren neuen Bekanntschaften zu widmen?"

„Ich verstehe dich nicht."

„Vielleicht verstehst du nur zu gut. Du hast deinem Mann deine Hilfe nur pro forma angeboten, und dein Mann, der natürlich sofort merkt, dass du da allein einen sauberen Vorwand suchst, dich guten Gewissens vor ihm aus dem Staub zu machen, dein Mann weist dein gutgemeintes, aber unbrauchbares Angebot zur gemeinsamen Tagesgestaltung ebenso pro forma und mechanisch zurück, legt sich still ins Bett und gibt dich für den Rest des Tages deinem besten Gewissen zurück. Geh nur zu, ich habe alles, was ich brauche, um zu verrecken, und mach dir um mich und um dich nur keine Sorgen!"

„Das lässt du dir nicht zweimal sagen und bist schon aus der Tür, endlich dem deprimierenden Anblick seiner halb selbstverschuldeten Misere entronnen. Ich kann nichts für ihn tun, er selbst hat es mir bestätigt, ganz im Einklang mit dem Therapeuten. Freie Fahrt! Oder machst du es dir etwas zu einfach jetzt und fällst nur von einem Extrem ins andere?

Drei Juwelen gibt es auf Erden : Wasser, Reis und schöne Sprüche. Ein indisches Sprichwort. Was dir nicht paradox erscheint, hast du nicht verstanden."

Der alte Märchenonkel war so erschöpft wie seine
Gäste, fügte aber vorm Abschied noch etwas hinzu:

„Nach Bernd-Augusts Tod fand man übrigens eine
Liste mit der „Lieblingsliteratur eines Jugendlichen"
unter seinen Hinterlassenschaften. Ich weiß nicht,
ob euch so etwas interessiert. Aber hier ist sie."

Mattheus : „Minnewitt macht nicht mehr mit"
Marryat : „Sigismund Rüstig"
S. Geßner : „Idyllen" (1756)
Boswell : „Leben und Meinungen des Dr. Johnson"
Marquis de Sade : „Die 120 Tage von Sodom"
Molière : „Der Menschenfeind"
Diderot : „Rameaus Neffe", „Jakob und sein Herr"
Balzac : „Verlorene Illusionen"
Stendhal : „Die Kartause von Parma", „Der Egotist"
Flaubert : „Bouvard und Pécuchet"
Dostojewski : „Die Dämonen"
Dickens : „Große Erwartungen"
Lermontow : „Ein Held unserer Zeit"
Zola : „Die Erde"
Baudelaire : „Die Blumen des Bösen"
Melville : „Bartleby"
Chateaubriand: „Memoiren von jenseits des Grabes"
Fontane : „Der Stechlin", Briefe
Bismarck : „Erinnerungen"

Gogol : „Die toten Seelen"

Huysmans : „Gegen den Strich"

Leopardi : „Zibaldone"

Strindberg : „Totentanz"

Ibsen : „Gespenster"

Kleist : „Die Familie Schroffenstein", „Penthesilea"

Shakespeare : „Richard III.", „Macbeth"

Hardy : „Am grünen Rand der Welt"

A. Huxley : „Kontrapunkt des Lebens", Essays

Faulkner : „Freistatt"

Hemingway : „Fiesta"

Aragon : „Aurélien"

Gide : Tagebücher, „Die Falschmünzer"

Sartre : „Der Ekel", „Die Wörter", „Zeit der Reife",

„Geschlossene Gesellschaft", „Kean"

de Beauvoir : „Die besten Jahre", „Ein sanfter Tod"

Genet : „Die Zofen", „Notre-Dame-des-Fleurs"

Camus : „Der Fremde", „Jonas", „Caligula"

Sarraute : „sagen die Dummköpfe", „Martereau"

Malraux : „Der Königsweg"

Proust : „Auf der Suche nach der verlorenen Zeit"

le Clézio : „Das Protokoll"

Cocteau : „Thomas der Schwindler"

Joyce : „Ulysses"

Musil : „Der Mann ohne Eigenschaften"

Dos Passos : „Manhattan Transfer"

Beckett : „Molloy", „Der Namenlose", „Wie es ist"

Maupassant, Pirandello, Moravia : Erzählungen
Lamb, Stevenson, Chesterton : Essays
S. Bellow : „Herzog", „Mr. Sammlers Planet"
Ph. Roth : Zuckerman-Romane, „Jedermann"
Pessoa : „Buch der Unruhe"
Pavese : „Die einsamen Frauen", Tagebuch
Svevo : „Zeno Cosini"
Williams : „Plötzlich letzten Sommer"
Chesterton : Gesamtwerk
Arno Schmidt : Gesamtwerk
I.B. Singer : Gesamtwerk
Céline : „Tod auf Kredit"
Th. Mann : „Der Zauberberg", „Doktor Faustus"
Vittorini : „Sizilianische Gespräche"
K. Cicellis : „Griechischer Frühling"
Nossack : „Das Mal", „Spätestens im November"
Fr. Schiller : „Maria Stuart"
Oscar Wilde : Komödien
M. Walser : „Ehen in Philippsburg",
„Jenseits der Liebe", „Die Gallistl´sche Krankheit"

Hölderlin. Mallarmé, Valéry, Rilke : Gedichte

Philosophie : Seneca, Hegel, Schopenhauer, Conrad-Martius, Adorno, Heidegger, Sartre, H. Schmitz.

Flash-nonfiction : Nicht volksmündig

Den engsten Horizont hat, wer stets das Weite sucht oder überall zugleich ist.

Wer hat das Sagen und auch was zu sagen?

Wo steht Hegel der Kopf? Nur bei Marx.

Schlecht sein 2000 : Gut und Guthaben haben.

Unbegriffenes kann ergreifen, auch Untäter und ihre Berufe. Bist du ergriffen wie ein Begriff, fass die Unterwelt in flagranti in Worte, Täter!

Komm zu dir und zu mir, nicht zur Sache!

Kant 2000 : Entschluss ohne Schluss ist nacht-
blind, Schluss ohne Entschluss ist randvoll.

Jeder hat freie Wahl nur zwischen Leuten,
die freie Wahl haben sollen.

Herde : Wer für mich ist oder für sich bleibt,
ist gegen sich.

Wer seinen Platz in der Welt an der Sonne nicht
findet, muss kein Engel, Toter oder Teufel sein.

Dem Gewissen wird schlecht,
wer den Hals zu voll kriegt.

Es sind schon Meister vom Dach gefallen
und nicht zum Himmel gestiegen.

Der Sinn des Lebens ist es, keinen Sinn dafür zu haben und zeitlebens nicht zu sterben.

Mir fehlt nichts. Außer Schönheitsfehlern.

Nichts ist treuer als Eigenliebe.

Ein- und Ausbildung sind Bildungslückenbüßer.

Wer sich gefunden hat, ist schon überholt.

Not erfindet, dass sie Brot machen kann aus Kot

Habt Heimweh nach dem Fernweh eurer Jugend oder sehnt euch nach der Heimat anderer!

Du hältst dich für Gott? Das sieht dir ähnlich.

Menschenunmögliches: Unmenschenmögliches.

Tiefer Gedanke : Denkanstoßseufzer.

Der Kopf stürzt sich *auf* den Elfenbeinturm,
Hand oder Herz *vom* Elfenbeinturm : Hauptsa-
che, man wird nicht von ihm ins Leben gestürzt.

Der Teufel oder der liebe Gott legen dich rein −
ins kühle Grab.

Selbstgefälligkeit : naheliegende Nächstenliebe.

Größe heilt Größenwahn besser als Mathematik

Man kann Gedankenlosigkeit lesen oder Bücher

Wunderkinder oder dumme Kinder
erreichen keine Altersweisheit.

Es gibt mehr schweigende Beredtheit.

Welcher Kreis macht keinen Bogen
um einen springenden Mittelpunkt?

Leben: der springende Schlusspunkt des Todes?

Nimmt der Verstand Vernunft an,
wenn die Vernunft ihren Verstand verliert?

Der Bewanderte hatte aufrechten Müßiggang.

Leidlich gutes Buch : Leidensdruck.

Schwarzseher tappen im Hellen und tippen auf Dünkel, Schwarzmaler benutzen und bekennen alle Farben.

Stell deinen Scheinwerfer unter den Scheffel, damit er fürs Licht der Vernunft gehalten wird.

Familie? Man liebt sich aneinander runter.

Das redseligste Schweigen ist Strafmündigkeit.

Gut ist, was sich nicht zum Spruch machen lässt

Wer gern zurückblickt, sieht sich ganz vorn.

Big Data : Geheimdienst am Kunden.

Die Hirntoten heute sterben immer länger.

Aufrechter Gang hat oft zu wenig Erfahrung
oder Standvermögen.

Bildungsbürgernähe macht dümmer.

Gesuchtes Essen, gefundene Fresse.

Ist die Kugel schon unterwegs,
mutiert das Ziel oft zum Schützen.

Aphorismus : die kurze Pause zwischen
zwei lang(weilig)en Vorlesungen.

Astronomie : Die Erde ist keine Kanonenkugel,
sondern deren Zielscheibe.

Im Anfang war das Wort „im" in einem Satz
in einem Aufsatz im *Buch der Natur*
im Bücherturm zu Babel?

Das Ganze ist nur die halbe Wahrheit,
und die Teilwahrheit wird totalitär.

Schwarzmaler und -seher fürchten,
dass alles allzu gut gehen könnte.

Wer ganze Romanzyklen plant,
schafft oft nicht mal ein Bonmot.

Gleichberechtigung emanzipiert sich
von *Mannweib, Schwuchtel* und *Kindfrau.*

Wer sogar an Tieren verzweifelt
wie an Gott und Mensch, zweifelt auch
an Treibhauspflanzen, Edel- und Anstoßsteinen.

Der Christ steht mit beiden Beinen
auf fremden Füßen im Himmelstor.

Vernunft ist kein Fundbüro für Verstand,
den man verloren hat.

Du kannst mir reinen Wein einschenken,
nicht deine Rosinen im Kopf.

Ein angehimmelter Meister Eckart fällt eher aus
allen Wolken, als in den Himmel zu wachsen.

Der Reiche macht das Rennen – aber gar nicht
mit und trägt die Chancen selber : aufs Konto.

Auch der liebe Gott macht nicht den Wirt
ohne die Abrechnung.

Ein Psychologe, sich des *Unbewußten* bewusst,
hat unbewusst zu viel Selbstbewusstsein.

Alles hat seine Zeit, auch die Ewigkeit :
Nichts ist unvergänglicher als Vergänglichkeit.

Der springende Punkt des kurzen Bonmots
langt bald an beim toten Punkt des Sprichworts.

Klassenbewusst sind Herrenrassen,
massenbewusst nur ihre Völker.

Streben, sterben, Grabstein erben.
Man beißt ins Gras auf Granit.

In zu viel Wein liegt zu wenig Wahrheit.

In Gedanken versunken, die mir zu hoch sind…

Glück blüht uns zuweilen zwischen Unglücken,
Pech immer zwischen Glücksmomenten.

Not erlöst vom Tod, Brot oft vom Leben.

Trauert keiner dir mehr nach, stirbst du.

Ich stehe im Schatten dessen,
der mich erleuchtet.

Ist es eine Komödie oder Tragödie,
keine schreiben zu können?

Gnomisches Stakkato

Ist schon Künstler, wer im Spielcasino
eher auf die Spieler als aufs Spiel achtet?

Unsere Weltmeere sind nicht einmal Wassertropfen – im feurigen Sternenmeer.

Die einzige strenge Wissenschaft ist die
Mathematik, will man Naturwissenschaftlern
glauben – also eine Geisteswissenschaft.

Gott : Warum sollte noch alles tun, wer weiß,
dass er alles tun kann, was er will?

Dass wir beide irgendetwas sind, unterscheidet
uns mehr, als wenn wir es nicht wären.

Ist das Prädikat deines Prädikats auch deins?

Aphorismus : Ein logischer Schluss bringt zwei widersprüchliche Urteile urplötzlich zusammen.

Logik macht bewusst, was man immer wusste,
Leben macht fühlbar, was man noch nie wusste.

Bescheidenheit : Demut light.

Aus Vater und Mutter entsteht ein Kind als logischer Schluss, aus zwei elterlichen Urteilen ein Schluss als unvernünftiges Kind.

Wäre Mathematik die einzige wirkliche Wissenschaft, gäbe es keine Geisteswissenschaft, oder sie wäre selbst eine und Philosophie z.B. nur eine Kunst (wie Schopenhauer glaubte).

Lügen fürchten und bedrohen einander stärker
als Wahrheiten – aber Lüge und Wahrheit?

Was, wenn der einzige Arzt kranker ist als du?

Liebe deinen Nächsten – um Gotteswillen! ?

Kann ein Schweigen ein anderes
beredt verraten oder verbergen?

Der schmalste Weg ist der goldene Mittelweg,
nicht breiter als ein Fuß.

Die Gesamt aller Aphorismen eines Autors bildet
weder ein System noch ein Durcheinander. Je mehr
Aphorismen einer schreibt, desto stärker liegen sie
in ihm beisammen, aber desto stärker definieren sie
auch seine vollständige Individualität. Sie bilden ein

individualisiertes System, und er systematisiert sich zu seiner Individualität. Der Tod des Autors oder sein Entschluss, sein Werk abzuschließen, komplettiert das System und bricht es gleichzeitig an einer bestimmten, zufälligen oder bevorrechtigten Stelle ab. Die individualisierten Systeme aller Aphoristiker bilden einen reichdifferenzierten Hypertext aus koordinierten Subsystemen : die ganze Aphorismengeschichte, synchron wie diachron. Zwischen alle Sentenzen eines Autors ließen sich unbestimmt viele weitere Aphorismen einschieben, ohne das System zu sprengen : Es ist stets zugleich unvollständig und abgerundet. Offene Abgeschlossenheit wie gleichzeitig abgeschlossene Offenheit macht den Charme dieses Systemtyps aus. Kein anderer Aphoristiker darf die ewigen Lücken zwischen meinen Aphorismen füllen, es sei denn in seinem eigenen System. Die Texte eines Sprüchemachers bilden ein immer dichteres Gewebe und schließlich einen ganzen fliegenden Flickenteppich, für Luftreisende und für Himmelsstürmer ohne Flugzeug : Weil jedes Stück Erde aus zahllosen Atomen im leeren Raum besteht und doch nicht darin zerfällt, sondern eben bestehen bleibt, undurchdringlich und häufig undurchsichtig, beständig kompakt und porös zugleich.

Metaphorismen : Sprüche *über* Sprüche

Warum es so wenige gute Aphorismen gibt? Nur die schlechten halten, was die guten versprechen: uns zu ärgern.

Ein Aphorismus ist gut, wenn weniger wehtut, getroffen zu sein, als ihn nicht selber gefunden zu haben.

Ein Schriftsteller ist ein Mensch, der aus dem Aphorismus, auf den er nicht kommt, ein Buch macht.

Aphorismen sind Gedankensplitter im Kopf von Bürgerkriegsverletzten.

Nur Aphoristiker lesen gern schlechte Aphorismen. Sie studieren Konkurrenten.

Warum Aphorismen? Lapi-darum. Sie verkürzen nichts, ihre Gegner langweilen.

Meine Aphorismen sind aus der Luft gegriffen, die meine Gegner für mich sind und in die ich gehe.

Wenn ein Aphorismenleser nickt oder den Kopf schüttelt, fällt der herunter.

Aphoristiker ist, wer den Gedankensplitter im Holzkopf seines Nächsten sieht.

Je besser Aphorismen sind, sagen ihre Gegner,
desto falscher.

Auch Aphoristiker sind engagiert:
Einsatz in einem Satz (für den nächsten).

Deutsche lesen nicht. Schon ein Aphorismus
lenkt sie zu lange von sich ab.

Das beste Buch ist ein schlechter Ersatz
für ein Bonmot oder einen guten Satz.

Gut ist ein Aphorismus, der die Leser entmutigt,
selber welche zu schreiben.

Ein schlechtes Buch ist schneller geschrieben
als ein guter Aphorismus.

Mit Aphorismen gegen alle -Ismen!

Aphorismen sind Mikroprozessoren,
die Geistesarbeitsplätze vernichten sollen.

Ratio in kleinsten Rationen. Ein Aphorismus ist ein
Auseinandersatz, der viele Worte verliert : die kürzeste Verbindung zwischen zwei Verstandpunkten.

Der Aphoristiker opfert einen Witz nur einer Sache,
die er dem Witz an der Sache opfern kann.

Feile an Aphorismen die Gitterstäbe durch!

Aphorismen sind verbindlich, weil sie unverbunden sind : sie trennt, dass jeder Getrenntes verbindet, sie verbindet, dass jeder Bande zertrennt.

Aphorismus – *mit einem Satz ins Freie:* Hochsprung oder Weitsprung, Ur-Sprung oder Vorsprung?

Jeder Aphorismus fällt dem anderen ins Wort und in den Arm. Sie begegnen und entgegnen einander, bevor sie Monologe werden.

Das beste geistige Band dieser zerfallenen Zeit : ein Aphorismenbändchen.

Aphoristiker gehen mit Dichtern und Denkern um und umgehen sie.

Ein Aphorismenband fügt sich sprachlich zusammen aus genügend vielen Scheidungspaaren und zerfällt in beliebig viele Liebespaare.

Traum der Aphorismen : Dass der Zensor sie noch hundert Jahre später passieren lässt aus Unverständnis oder Angst vor ihnen.

Aphorismen : Angriffswaffen, die uns verteidigen können, da wir sie nicht verteidigen müssen. Wer nicht den Kürzeren zieht, langweilt.

Aphorismen wollen den Geist von Sozialsystemen sprengen und den von Sonnensystemen spiegeln.

Die Bandbreite aller Aphoristiker liegt darin,
wie viel Dichter im Denker und wie viel Denker
im Dichter steckt.

Adhortationsformel : Lass dich von Aphorismen
zu nichts ermahnen!

Aphorismen geben Lesern die Illusion,
Wissenschaft und eigenes Denken
längst hinter sich zu haben.

Der Aphorismus kommt bald zum Schluss,
nicht der Aphorismenband.

Die Aphorismen dieses Bandes verbindet nicht
mehr als die Dinge dieser Welt – die Tatsache,
welche zu sein und denselben Schöpfer zu haben.

Bisher bestätigten nur Ausnahmen die Regel,
dass gute Philosophen und Aphoristiker keine
Monatsregel haben.

Aphoristik : Pluralismus von Meinungen,
die (sich) nichts zu sagen haben.

Aphorismen hoffen, dass Splitter haltbarer sind
als Glashäuser und Scherben.

Ein System ist die Ausnahme, die den Aphorismus
regelmäßig bestätigt : er gehört nicht zum Ganzen,
das er umfasst, und enthält das Ganze,
dem er angehört.

Wer weder Dichter noch Denker noch Täter ist,
vereint alle drei im Aphoristiker.

Welcher Aphorismus ist in Hegels spekulativem
System gut *aufgehoben*?

Ein Aphoristiker, der nicht wenigstens einmal im
Leben ein komplettes System sich ausdenken kann,
hat eine *déformation professionelle* und sollte
Aphorismen richtiger Systematiker herausfordern.

Aphorismen zur Naseweisheit riechen
den Satansbraten im Engelsrock.

Eine gute Idee ist ein nicht gut genug ausgedrückter
Aphorismus.

Aphoristiker bekämpfen stets den (antiken)
Aphorismus : „Wir haben das Meer gepflügt.“

Aphoristiker übertreiben doppelt,
um Halbwahrscheinlichkeit zu erzeugen.

Der Aphorismus, das große Ganze im letzten Ur-
Teil, der größte Unsinn im kleinsten ZuSatz,
macht uns kein Nix für ein Nu vor.

Im Aphorismus werden mindestens drei Aufsätze
ausgearbeitet zu *einem* Satz über Autor und Leser
(hinweg).

Chaostheorie : Ein Aphorismus ist der Schmetterling, dessen Flügelschlag die ganze Geisteswelt umweltsen will.

Ein Aphorismus, der auch seine guten Seiten hat, heißt Essay.

Philosophen bringen System in Aphorismen, die Unordnung in ihr System bringen.

Kurzer Rede lebenslanger Unsinn. Der Aphorismus hat ein Spielbein und ein Verstandbein und steht fest mit beiden neben dem Geistesleben.

Aphorismen sind keine Sprichwörter, aber schützen vor Volksmundfäule.

Auch der Aphoristiker muss (uns) nun schon immer kürzer treten.

So wenig wie ein Aphorismus kann immer noch viel zu viel Geschwätz sein.

Mach kein Buch aus dem Aphorismus, der dir nicht einfällt.

Noch kürzer und treffender als Aphorismen ist nur ein Machtwort. (Gibt es dafür Kleinkunstwettbewerbe?)

Ein Aphorismus begründet sich durch seine Form.

Der Druck der Wirklichkeit presst den Geist
zu Aphorismen zusammen

Ein Aphorismus ist ein ganzes Streitgespräch
in *einem* Schlusssatz.

Aphorismen sind Bonmots,
die einem erst nach der Party einfallen.

Aphoristik. Auch im geistigen Raum besteht Geradlinigkeit aus potenziell unendlich vielen Pointen.

Der Aphoristiker kann keinen Satz schreiben,
ohne eine Bibliothek zu ersetzen.

Ein Satz zu viel ist oft ein Aphorismus zu wenig.
Er macht Kostenloses kostbar und billigt selten,
was uns teuer ist.

Aphoristiker fliehen in schnellen Sätzen
vor Kopfjägern.

Der Aphoristiker sagt ein letztes Wort
nach dem andern.

Was der Aphorismus uns sagt,
bleibt sein Geheimnis.

Macht die Welt eintausend Schritte voran
ins Paradies, macht der Aphoristiker einen Satz
zurück ins Freie.

Wer sein Weltbild fertig hat,
schreibe Aphorismen dagegen.

Der Aphoristiker, ein Fürsprecher der Widersprüche, macht größere Sprünge in kleineren Sätzen.

Der deutsche Leser übersetzt den aphoristischen
Satz zurück in den ganzen Aufsatz, den er ersetzt.

Aphoristiker sind reine Theoretiker. Sie führen ja
praktisch nicht weiter aus, was sie ausdrücken.

Kurzgeschichten sind zu lang(weilig)e Aphorismen.

Aphorismenbände mit Illustrationen
sind wie Fahrräder mit Nachtisch.

Aus den vielen Worten, die der Aphorismus verliert,
werden ganze Romane gemacht.

Aphorismen sollten kürzer sein
als Kunst und Leben.

Verkettet und vernetzt? Aphorismen reißen
in Stücke, was andere in Zusammenhänge rissen.

Es gibt keine guten Aphorismen. Sie brächten für
einige Minuten das Geschwätz zum Verstummen.

Der Aphoristiker ist ein Herr, der sich kurz fassen
kann, oder ein Knecht, der sich kurz fassen muss.

Aphorismen sind weder Anfänge noch Reste.

Wie viele mittelalterliche Schutzengel haben
Platz(angst) auf einer aphoristischen Spitze?

Aphoristiker nennen die Undinge beim Spitznamen.

Der Aphoristiker verwickelt sich in dem Wider-
Spruch, den er hervorrufen will.

Zu viele Aphoristiker machen wenig Worte,
doch zu viele Aphorismen.

Ihr Lieben alle diktiert mir
meine liebsten Aphorismen.

Für Aphoristiker formulieren die meisten Menschen
zu unterspitzt.

Aphoristiker halten sich nicht auf
bei ganzen Romanen.

Dem Aphoristiker fällt zu Binsenwahrheiten
noch Originelles ein, nicht zum Sonderbarsten
noch eine Phrase.

Ein *guter* Aphorismus ist nie zu *wahr*,
um *schön* zu tun.

Spricht mein Aphorismus, komme ich nicht zu Wort.

Nur Aphoristiker sind nicht zu faul,
uns weniger als drei Sätze zu schreiben.

Aphorismus:
Ein Satz übers Leben will es überleben.

Für Aphoristiker spricht nichts gegen Widersprüche.

Aphorismus : Mit Spitze gegen die an der Spitze.

Aphoristiker üben erst mit Essays.

Aphorismen weisen schlagende Beweise ab.
(Gut begründen lässt sich schließlich fast alles.)

Die Position des Aphorismus bleibt die Negation.

Aphorismen sind Regeln, denen die Ausnahmen
von den Regeln folgen. Sie sind nie Sätze
zwischen den Gegensätzen.

Nichts ist so groß, das sich nicht in einen
Aphorismus zusammenfassen, und nichts so klein,
das sich nicht zu einer Bibliothek auswalzen lässt.

Ein Volk der Dichter **und** Denker
wäre ein Volk von Aphoristikern.

Aphoristiker sind kurzatmig, den längsten Atem
haben Aphorismenbände, doch Gnomiker haben
von allen Autoren die meiste Zeit.

Aphoristische *Form* ist Zuckerguss,
der bitteren Pillenwirk*stoff* versüßt.

Wer und was zerschneidet das Band
zwischen den Aphorismen eines Bandes?

Ich teile eure Meinungen, aber in mehr Aphorismen.

Dialektiker Hegel brachte System in den Geist,
Aphoristiker Schlegel Esprit ins System.

Was philosophische Aphorismen zum System verbindet, ist sophistischer Mörtel; was philosophische
Systeme sprengt, ist aphoristische Sophistik.

Erster Aphoristiker wird nicht schon,
wer überall sonst den Kürzeren zieht.

Aphoristiker haben keine Zeit, nicht zu schreiben
oder nur wahre Dinge zu schreiben.

Aphorismus : Vorsätzliche Auseinandersetzung
in *einem* Schlusssatz.

Auch kleinste Aphorismen sind *Superstrings*,
die sich vielleicht erst künftig oder nie
falsifizierbar formulieren lassen.

Systeme und ihre Kritiker leben voneinander zu gut,
Aphoristiker und ihre Leser zu schlecht.

Gestrandet im Meer
Meerschweinchen am Meerbusen?

„Wir haben das Meer gepflügt."
(Antike Redewendung für sinnloses Bemühen)

„Nieder mit den Alpen : Freie Sicht aufs Mittelmeer!" *(Sponti-Spruch der 68-er)*

"Im Becher ertrinken mehr als im Meer."
(deutsches Sprichwort)

Meeresfahrten haben weit voneinander entfernt lebende Menschen weltgeschichtlich vielleicht besser und häufiger zusammengebracht als Reisen zu Lande. Die frühesten und erfolgreichsten Weltreisenden waren kühne und gierige Schiffer, nicht neugierige Wagenfahrer, Reiter oder Wanderer : Polynesier, Phönizier, Wikinger ... Die Pyramiden der alten Mayas und die Pyramiden der alten Ägypter sehen sich verblüffend ähnlich über Tausende Kilometer Abstand voneinander : Die Ideen dazu müssen sehr früh übers Meer gekommen sein. Das Mittelmeer gilt als Wiege der europäischen Kultur, weil die

Schifffahrt darauf alle Küstenkulturen austauschte mit Waren und Ideen. Das „offene Meer" verspricht Befreiung von den Grenzen und Zwängen an Land. *Britain ruled the sea*, also sein Commonwealth.

Salzhaltige Meere bedecken rund 70 % der Erdoberfläche, bis zu 11 km tief, ihre Flora gibt 70 % unseres Luftsauerstoffs frei. Meere sind keine abgeschlossenen Binnengewässer : Das Meer ist die See, und *die* See ist nicht *der* See. Meere sind zusammenhängende Wassermassen, von zusammenhängenden Landmassen (Kontinenten) umgeben. Die fünf Ozeane heißen Weltmeere. Das zur trockenen Seite dieser feuchten Sache.

Das tiefe Meer fordert Klischees heraus. Stets ist es für das Gemüt abgrundtief und unendlich und unermesslich weit bis zum Horizont und darüber hinaus. Aber es hat für Deutsche nie die tiefe Bedeutung des tiefen Waldes erreicht, obwohl man in beidem leicht verloren gehen kann. Beide rauschen geheimnisvoll, doch im Wald kann man sich besser verstecken als im Meer. Es ist von gefährlicher und gefährlich lockender Geheimnistiefe : *tremendum et fascinosum*, etwas mehr als ein gezähmtes Glas Trink- und Süßwasser. Ist der Meeresgrund ein fester Meeresboden, und ist Meeresstille eher in der Meerestiefe als am Meeresstrand, voll von Halbnudisten?

Die Phantasie bevölkerte es mit erlösungssehnsüchtigen Meerjungfrauen, Undinen, Nixen und Nereiden. Ungestalte Meeresungeheuer sollen Seefahrer von alters her mit Schrecken erfüllt haben, und ein Kapitän Ahab jagte den Weißen Wal seines Unbewussten in Melvilles „Moby Dick" durch die Meere. "Der alte Mann und das Meer" von Hemingway behandelte ein ähnliches Thema. Homers Odysseus hatte das Leben auf dem Meer gesucht und den Tod auf Heimatboden gefunden.

Und die Meeresforscher entdecken immer neue exotischere Evolutionsvarianten von Fischen in den Ozeantiefen ohne Licht und Luft. Das Meer unter uns ist noch immer mehr *Terra incognita* als der Himmel über uns. Und wir sind späte Erben der ersten Meerestiere, die einst als Säugetiere an Land krochen. Industrien fischen die Meere leer und füllen sie dafür mit Plastikmüll und Abwassergiften.

Meerwasser hat keine Balken, auch nicht im Auge des Betrachters. Man fühlt sich von ihm getragen oder in die Tiefe gezogen, je nach Schicksal oder Geschicklichkeit. Wasser gibt geschmeidig nach und ist doch von mineralischer Härte, weil nicht kompressibel : ein in unserer Phantasie magischer Stoff, wie Sartre in seiner „existenziellen Psychoanalyse der Dinge" fand (siehe : „Das Sein und das Nichts", Paris 1943). Besteht das Meer aus seinen Wassertropfen und sein Rauschen aus unzähligen, unhörbar einzelnen Wellengeräuschen, wie der singularistische Monadologe Leibniz dachte?

Meergötter wie der römische Neptun und der griechische Poseidon regieren seine stürmischen Untiefen, von Erdbeben-Tsunamis durchwogt. Meeresbrandung löscht nicht jeden Brand (und Durst) auf Schiffen. Sintfluten haben ganze Küstenkulturen auf Nimmerwiedersehen überschwemmt. Meeresspiegel steigen und fallen im Takt der Eiszeiten und der Klimasünden. Das Meer verschlingt Lebende und speit Leichen an Land. Bergbewohner und Meeresanwohner besuchen einander auf neugierigen Urlaubsreisen. Alle Flüsse münden ins Meer (auch Redeflüsse ins Tintenmeer der Schriften). Und wer gegen den Strom schwimmt, erreicht nie das Meer.

Unsere reichen Gesellschaften hatten die Armen erst erzeugt, die sich jetzt übers Meer zu uns flüchten − wenn sie nicht vorher darin ertrinken. Im Meerwasser kann man eher ertrinken als es trinken.

Das sind nur einige Assoziationen zum „Meer", und jeder kann neue dazu finden. In metaphorischem Sinn gibt es Menschenmeer, Häusermeer, Flaggenmeer, Tränenmeer, *mare nostrum lacrimarum* …

Nach *Thales* von Milet, dem offiziell ersten Philosophen, kommt alles aus dem Wasser und geht alles ins Wasser zurück. Wasser ist Symbol weiblicher Fruchtbarkeit von alters her, seine Quintessenz ist das Fruchtwasser. Aphrodite steigt schaumgeboren aus dem Meer. Nymphen, Najaden, Nereiden, Nixen und Undinen sind erotische Wasserwesen. Wasserbad dient der rituellen Reinigung und erfleht den Fruchtbarkeitssegen. Der Mann taucht ganz ein zur Wiedergeburt in den urmütterlichen Jungbrunnen.

Thales kannte den Sinn des Geldes als universales Tauschobjekt und Äquivalenzprinzip aller Dinge. Geld lässt sich in jede Ware verwandeln und aus den Dingen ins Geld zurückverwandeln und bleibt doch immer das gleiche wie das Wasser des ägäischen Meeres vor seiner Tür in allen Zustandsänderungen bei Verdunstung, Niederschlag und Vereisung. Der Port von Milet : ein weibliches Portal; die Schiffsbäuche trugen ihre Ladungen wie Kinder, und die Schiffe selbst als Kinder verließen nur den sicheren Port, um wieder zu ihm zurückzukehren.

C. G. Jung hat hingewiesen auf die etymologische Assoziativkette : *Meer* (Sumpf, stehendes Gewässer) – französisch : *mère* (Mutter) – *Maar* – Nacht-*mahr* (Vampir, weiblicher Unhold) – *mors* (lateinisch : Tod) – *moira* (griechisch : Schicksalsgöttin). Die urethrale Nebenbedeutung des Wassers klingt an, das gelassen und abgeschlagen wird als Urinstrahl, der das Liebesfeuer löscht und das weibliche Meeresbecken füllt … Das nur in aller Kürze zur vertrackten Psychologie des Meeres.

Atlantis soll eine mit Hochkultur im Meer untergegangene Inselstadt gewesen sein, aber in welchem Meer? Die atlantische Meerenge von Gibraltar "hinter den Säulen des Herakles", wie Platon formuliert? Atlantis wird unter Wasser gesucht bis heute: Meerumschlungen, vom Meer verschlungen in einer einzigen Nacht. Platon betont im Dialog "Kritias" nicht umsonst mehrmals, dass Atlantis keine Legende sei. Die Götter sollen die Atlantis-Hybris mit Untergang bestraft haben, als die Nomaden sich noch gegen die sesshaften Stadt- und Agrarkulturen wehrten, weltweit bis vor etwa zehn Jahrtausenden, heißt es.

Aber lag Atlantis vielleicht eher in der Nordsee statt im Atlantik? Die „Edda" mit dem katastrophalen „Ragnarök" kommt erst spät, aus dem 13. Jahrhundert, Quellenzeit unbekannt. Oder ganz anderswo? Die biblische Meeresflut soll um 2500 v. Chr. gewesen sein, im Mittelmeer von einer Vulkaninsel aus?

Forscher haben Atlantis bisher überall vergeblich gesucht, in Troja und Hellike, im persischen Ekbatana, im Schwarzmeer und auf der Vulkaninsel Santorin. Platon hatte aus Ägypten etwas läuten gehört und wohl nicht mehr kapiert. Sah er da nur den Sieg eines idealen Ur-Athens über wilde Seemächte?

Oder hatte dies Atlantis etwa die himmelschreiende Weltmeisterschaft in Sklavenwirtschaft gewonnen, so dass sein Untergang als Gottesgericht allgemein begrüßt wurde, in Europa wie in Afrika? Die Atlanter waren vermutlich "Riesen", die Menschenopfer eintrieben mit Sklavenpeitschen. Die Seenomaden müssen Freibeuter gewesen sein oder Piraten im Dienste mächtigerer Herren. Auch die dichterische Freiheit sollte an der historischen Realität hinter Platons mythischem Atlantis interessiert sein.

Die Nordsee oder das Mittelmeer waren wohl zu klein für diese gewalt(tät)ige Hochkultur, und der außerirdische Weltraum zu groß. Wie wäre es nun mit dem "Pazifik", dem "Stillen Ozean", dem doch stürmischen Eldorado der Piraten : ein friedlicher

Euphemismus für permanente Kriege und Heere von
kriegsgefangenen Arbeitssklaven? Der Westen über-
rundete den Orient auf dem Seeweg.

 Dort im Pazifik hat noch kein Archäologe jemals
gesucht : zu tief.

War der Untergang der gottverfluchten Hochkultur
Atlantis im Meer ebenso gerecht wie der (laut Th.
Adorno) gerechteste aller bisherigen Kriege : der
Spartacus-Aufstand der römischen Sklaven gegen
das furchtbare tausendjährige Imperium Romanum,
das dann erst vom christlichen Rom wirklich besiegt
wurde, aus arm(selig)en Katakomben heraus, bevor
dieses Himmelreich selbst nur ein Weltreich wurde?

Ist das nun realistische Phantasie, wie Ernst Bloch
sie so oft vermisste?

Der „metaphorologische" Philosoph *Hans Blumen-
berg* begann seinen klugen Essayband "Die Sorge
geht über den Fluß" (Frankfurt / Main 1978) mit
"Seenöten" und einer "Meeresbeschimpfung" : Sehr
empfehlenswert. Es gebe „absolute Metaphern", die
sich in abstrakte Begriffe niemals ganz übersetzen
lassen, aber das philosophische Denken hinterrücks
stark bestimmen.

Levinas

Emmanuel Levinas in "Le Temps et l'Autre" (1947) : "Das Weibliche, das ist nicht nur das Unerkennbare, sondern ein Seinsmodus, der darin besteht, sich dem Licht zu entziehen ..." (S. 57) „Es ist eine Flucht vor dem Licht der Vernunft. Die Seinsweise des Weiblichen besteht darin, sich zu verbergen ... Schamhaftigkeit." (S. 58). "Das Transzendieren des Weiblichen besteht darin, sich anderswohin zurückzuziehen..." (S. 59). „Eros ist weder ein Kampf noch ein Verschmelzen noch ein Erkennen ... Er ist das Verhältnis zur Andersheit des anderen, zum Geheimnis, d.h. zur Zukunft..." (S. 59).

Am Schluss das Kapitel „Die Fruchtbarkeit":
"Nicht nach der Kategorie der Ursache, sondern nach der Kategorie des Vaters bildet sich also die Freiheit und vollzieht sich die Zeit ... Die Vaterschaft ist das Verhältnis zu einem Fremden, der, obwohl er der andere ist, Ich ist; das Verhältnis zu einem Ich-selbst, der mir dennoch fremd ist. Denn der Sohn ist nicht einfachhin mein Werk, wie ein Gedicht oder ein fabrizierter Gegenstand; er ist auch nicht mein Eigentum ... Es gibt eine Vielfalt und ein

Transzendieren in diesem Verb „existieren", ein Transzendieren, das selbst den kühnsten existenzialistischen Analysen entgeht ... Ich bin auf gewisse Weise mein Kind. Nur haben die Worte *ich bin* hier eine von der eleatischen oder platonischen verschiedene Bedeutung ... Ich bin mein Sohn durch mein Sein und nicht durch Sympathie ... .(Nicht-Indifferenz : Möglichkeit jenseits des Möglichen.)" (S. 62) " Die Weiblichkeit ... hat sich uns gezeigt ... als die eigentliche Qualität des Unterschieds." (S. 13)

(„Die Zeit und der Andere", Hamburg 1984)

Levinas sucht zum selbstherrlichen Subjekt nicht *das* Andere, sondern *den* Anderen, und zum Herr-scher *die* ganz Andere, Eva. Die ganz Andere ist nicht nur das ganz andere Geschlecht, sondern auch eine Frau, die ganz anders ist als die Mutter (Natur), eine "schöne Fremde", die für Levinas auch nicht dadurch aufhört, ganz anders als ich und alle anderen Frauen zu sein, dass sie meine Frau wird. Beziehung zum ganz anderen Geschlecht ist hier 1) alloerotisch und nicht nur narzisstisch, 2) heterogen und nicht homoerotisch, 3) Exogamie und nicht bloß Inzest. Levinas wendete den kleinen Unterschied des Nicht-identischen über Adornos „Negative Dialektik" hinaus positiv und nicht positivistisch.

Das Schöpferische ist bei ihm nicht das Produktiv(istisch)e, sondern das biologisch Fruchtbare, und das Kreative eine *imitatio creationis ex nihilo vel continuae*. Levinas ist also fast so etwas wie ein ins Monotheistische zurückgekehrter Adorno und Sartre ein atheistischer Levinas. Noch im Licht der Vernunft fürchten sie den bloßen Schein-Werfer, der den ganzen Menschen verfolgt und erfasst und zum Objekt eines metaphysischen Verhörs macht.

Habermas sah *den* Anderen, wo Adorno *das* ganz Andere sah, und Levinas sieht dort *die* ganz Andere Natur, welche das Immer-gleiche verändert. Aber während Adorno zurück will in Arme und Schoß dieser mütterlichen Ur-Anderen, rekonstruiert ein Levinas mit philosophischen Mitteln das erwachsene Liebespaar in seiner *relecture* der europäischen Philosophiegeschichte. Levinas lässt das Menschenkind nicht wie Adorno in den Partialtrieben polymorphpervers aufheben, sondern es großwerden und eigene Kinder zeugen. Adorno war selbst das Kind, das Levinas hatte, d.h. Levinas ist der Vater, den Adorno nur hatte und nicht haben wollte. Diesen Fortschritt über Sartre und Adorno hinaus, der ihn hindert, von links oder rechts missbrauchbar zu sein, verdankt Levinas der Tatsache, dass seine Philosophie von seinem Monotheismus inspiriert bleibt.

„Das Bewusstsein ist das Vermögen zu schlafen" innerhalb der ewigen Wachsamkeit des Seins. Vergehen heiße von sich selbst ausgehen und auf sich zurückkommen. Wer nichts von der Vergangenheit erbt, komme von sich selbst her. Identität ist Einsamkeit, ist Freiheit, ist Licht der Vernunft als Herr des Seins. Materielle Existenz : das Ich ist durch sich selbst blockiert, mit sich selbst belastet und an seine eigene Freiheit von allem und zu allem gefesselt. Diese leibhaftige Rückkehr zu sich selbst ist Abwesenheit der Zeit und Unerlässlichkeit des Seins, die Kettung des Ich ans S-ich. Das An-sich-(selbst-gekettet-)sein des Ich ist Materie, ständig aufgeschobene Rückkehr des Ich zu sich selbst, aufgeschoben durch Alltag und Arbeit und Dinge.

Genießen und Erkennen ist erster ans Ich gefesselter Befreiungsversuch des Ich von sich selbst, das sich durch Bearbeitung der Materie von seiner materiellen Existenz befreien will. Die Maschine arbeitet für mich, nicht ich arbeite mit ihr. Wir leiden nicht am Nichts, sondern an dessen Unmöglichkeit, an dieser Unentrinnbarkeit des Seins. Der Tod ist das Ende mannhafter Verantwortung und Rückkehr in verantwortungslose Kindlichkeit, die ohnmächtig ist.

Da kann ich nicht nur nichts mehr tun, sondern nicht einmal etwas mehr können : Dieser Tod ist einsames Ende der Einsamkeit. Macht das ganz Andere des Todes den geliebten ganz Anderen erst möglich ? —

"Die Zukunft, das ist das andere." Der Tod liegt noch vor dem, was vor mir liegt. Ich kann für andere sterben, um nicht für mich allein sterben zu müssen, und die Ethik ist die wahre Ontologie vor aller Ontologie. Du sollst nicht töten: Du sollst andere zeugen und lebendig machen, ihnen das Leben geben und schenken. Genommen wird mir Zeit für mich und gegeben Zeit für andere : Tod macht erst empfänglich für die Selbst-losigkeit, die Andersheit des Anderen. Wer liebt, der vermag es gerade, gar nichts mehr zu können. Im Tod meldet sich uns der Widerwille eines anderen an, und der Andere begegnet im Tode wie in der Liebe: Levinas schwärmt.

Geistreich wie eine Kirchkatz.

Jugendtorheit schützt nicht vor Altersweisheit.

Je früher das Abendland, desto schöner das Gestern.

Wer A sagt, muss auch Moral und Theismus sagen?

Ist es trivial, triviale Zeiten richtig zu prophezeien?

Wer Unmenschen abschaffen will,
bleibt der schlimmste.

Mancher bringt sich um aus Feigheit vorm Leben,
weil er sie nicht erträgt.

Krieg lockt als möglicher Sieg,
Friede schreckt als sichere Niederlage.

Wer stirbt für Ideale vor Freude an Krebs?

Masochisten dominieren ihre bezahlten Sadisten.

Der Spiegel wird nie die Dinge, die er wiedergibt.

„Im lyrischen Gewand entblößt sich mancher
Aphorismus von jeglicher Philosophie, die ihrerseits
oft nur in literarischer Verhüllung erträglich ist."
(Reiner Klüting)

Phänomenologie des Geistreichen
Auch ein Weg zum EinSpruch

Seit ich zusammenhängende Texte zu lesen gelernt habe, hatte ich ein Vergnügen daran, mir aus diesen kohärenten Texten einzelne Sätze herauszuschreiben, die aus irgendwelchen Gründen mir besonders bemerkenswert erschienen, Sätze, deren jeder auch auf eigenen Füßen stehen konnte und nicht nur in seinem Kontext sinnvoll war. Je älter ich nun wurde, desto raffinierter wurden diese vielen Exzerptsätze. Irgendwann hatte ich so etwas wie eine Anthologie beisammen vom Umfang eines Buches ganz aus interessanten Bücherzitaten.

Ich entdeckte, dass in vielen Büchern Sätze stehen, die unter Bergen von Sprachschutt hervorleuchten wie Goldkörnchen, die herauszuwaschen sind und erst dadurch ihren wahren Wert gewinnen. Schon der Gymnasiast unterschied zwischen Büchern, die auffallend viele oder auffällig wenige solcher Solitäre und Singularitäten enthalten. Besonders aus den Essays ließen sich sprachliche Orchideen herauspflücken, die gar keinen Schaden dadurch erlitten.

Irgendwann begann in der Schulzeit der Jagdeifer auf solches Wild. Das mussten keine ausnehmend gelungenen Aphorismen aus Aphorismenbänden sein; Essays waren oft trächtiger. Jedoch Aphorismenbände sollten eigentlich die höchste Volltrefferquote auf engstem Raum haben, hatten sie leider aber allzu häufig nicht.

Meine frühe Entdeckung : Explizite Aphorismen, die von ihren Autoren auch ganz so gedacht waren, sind leider oft belangloser als so manche originellen Buchzitate, die nie als Aphorismen konzipiert wurden, sich aber leicht aus Buchzusammenhängen herauslösen lassen, ohne viel zu verlieren. Im Gegenteil wären sie innerhalb des Buches schneller vergessen oder überlesen worden. Bei mir siegte die Leserintention ganz über apho-essentielle „Autorintention" der (str)engeren Literaturwissenschaft.

In unzähligen Werken schlummern für mich köstliche Einzelsätze, die von Autoren nie als Aphorismen gemeint waren, aber von Lesern bequem dazu gemacht werden können : durch den bloßen Zauberakt der Exzerpte. Viele Zitatsammlungen aus der griechischen oder lateinischen Antike waren gedankenreicher als manche neuzeitlichen Aphorismenbände, fand ich. Und das entschied.

Originelle Ideen in sprachlicher Brillanz, kondensiert auf den Umfang eines bis höchstens dreier Sätze, waren für mich von früh auf gute Aphorismen, doch allzu viele *echte* Aphorismen genügten umgekehrt nicht dieser Definition. Diese Sätze folgten in eigenen „Blütenlesen" *auf*einander, doch nicht *aus*einander. Jeder konnte auch für sich stehen und verblüffte mich durch eine hinreißende Ausdrucksweise und/oder einen originellen Gedanken. Sie hatten alle nur gemeinsam, dass sie mir „geistreich" vorkamen, und das änderte sich gelegentlich mit dem Lebensalter : kurz und bündig, kompakt und gedrungen wie lateinische Sentenzen, prägnant pointiert, tief oder satirisch, witzig oder rätselhaft. Jeder Gedanke brauchte nur einen einzigen Satz, nicht mehr einen ganzen Absatz oder gar Aufsatz.

Der Student merkte bald, dass nicht schwerfällige Deutsche, sondern leichtfüßige Franzosen die frühen Meister dieses Stils waren. Das *Bonmot*, nun mit oder ohne Kontextsituation, war ihre Domäne, der sprachgewordene Pariser Esprit, nicht der tiefe deutsche Geist. Mir blieb gleichgültig, ob ein Autor Aphorismen schreiben wollte oder nicht. Ich nenne schon ausreichend geistvolle Einzelsätze so, sprachliche Solisten, originell in der Sache oder Sprache, auch und gerade aus Essays geklaubte Goldzitate.

Die französischen Moralisten des 17. Jahrhunderts schienen mir auf die französischen Aufklärer des 18. Jahrhunderts ja bereits hinzusteuern : Deutete der spitze Salonkritiker Larochefoucauld nicht schon auf den Revolutionssarkastiker Chamfort voraus, der für die *romantische Ironie* entdeckt wurde von einem systemfeindlichen Bruchstückeschreiber wie Schlegel, der seinerseits einen Hegel gegen sich auf den Plan rief, einen philosophischen Riesen, der die Fragmente der frühromantischen Nachsokratiker durch dialektische Überbietung entschärfen wollte, indem er die ganze moralistische *Aufklärung* mit ihren unplatonischen Ideen in einen systematischen *Idealismus* „aufhob": rettete, widerlegte und zugleich systematisierte. Der Ausgang des Kampfes zwischen den aphoristischen Davids und den systematischen Goliaths scheint mir offen bis heute.

(Nebenbei : Die populäre Systemfeindschaft gehört fast zur Definition des Aphorismus, aber vor einem zehnbändigen „System der Philosophie" des Phänomenologen Hermann Schmitz z.B. verkommen doch viele Aphorismen zu nur albernem Zwergengefuchtel.)

Den genuinen Aphorismus, den Feind aller Systeme, habe ich für mich nicht entdeckt, indem ich erklärte

Aphoristiker las, sondern im Gegenteil einen der größten Systematiker, in einem Universitätsseminar. Ich las Hegel und notierte mir da unzählige Selbstwider-Sprüche aus seinen Schriften. Er verstand alles und jedes in der Welt nur von einem geistigen Bezugssystem her und fühlte sich von aphoristischer Fragmentalität und *frühromantischer Ironie* der Schlegel und Novalis zutiefst irritiert und herausgefordert. Er denunzierte sie als frivole Spielzeuge, hypersubjektiv, eitel, bösartig, wichtigtuerisch, nicht Fisch, nicht Fleisch. Hegel erkannte, dass die Neuzeit das Recht auf emanzipierte Subjektivität zu Recht verteidigte und dass man sie nicht einfach durch substantiellere Traditionen wieder beseitigen könne. Sein System ist eine Hierarchie dialektischer Paradoxe, ein „Universalwitz" von sinnigen Witzen, deren ernster Sinn permanent ineinandergleitet.

Ich sah ihn die romantische Subjektivität der Kunst und die griechische Objektivität der Wissenschaft verbinden, um das Beste aus Tradition und Neuzeit zu retten. Ein gewaltiges Projekt, wie mir schien, und er tat es unüberbietbar. So wurde er geistreicher als die aufgeklärten Franzosen und ihre deutschromantischen Lehrlinge. Nietzsche hielt Hegel für den geistreichsten unter den Schriftstellern, die auf keinen Fall geistreich sein wollten. Kurz : Hegel erfand in meinen Augen seine Dialektik (wieder), um die aphoristischen „Brennnesseln" wie Schlegel und Novalis durch Überholung zu neutralisieren.

Dialektik wie Aphoristik suchen die „Einheit der Widersprüche", die mystische „Verbindung von Verbindung und Trennung". Adorno hat dann im 20. Jahrhundert diese systemsprengenden Aphorismen aus Hegels vermeintlichem „Zwangssystem" wieder befreit – mit Hilfe des spätromantisch frankophilen Aphoristikers und Moralisten Nietzsche.

Der Physiker Lichtenberg hatte in diesem geistes-geschichtlichen Szenario das Verdienst, die franzö-sische Aufklärung auch ins Deutsche zu übersetzen und philosophische Lebensweisheit über Naturwis-senschaft hinaus als guten Witz an der Ursache zu verstehen, indem er wissenschaftliche Hypothesen als Esprit verstand, als plötzliche Einsicht in bisher übersehene Ähnlichkeiten zwischen unvereinbarsten Sachverhalten. Dafür gibt es keine übertragbare Methode, sondern nur intuitives Naturtalent, also gewitzte Einbildungskraft plus rationaler Urteils-kraft in ausgeklügelten Gedankenexperimenten.

Für mich war der Aphorismus von Anfang an keine randständige Literaturgattung, sondern spätestens um 1800 ins Zentrum der Geistesgeschichte gerückt – ausgerechnet durch den Supersystematiker Hegel, der deutsche Reformation, französische Aufklärung und Französische Revolution als gutes Recht auf emanzipierte Subjektivität verteidigte, aber die allem Objektiven wie Affektiven „entfremdete Subjektivität" des erzmodernen, ironisch schwebenden *Individualismus* dann durch höchst paradoxale Reintegration systematisch bekämpfte.

Als Schlegel seinen Chamfort entdeckte, entdeckte Hegel diesen Schlegel und schuf seine idealistische Dialektik über Kants „kopernikanische Wende" hinaus, die Gerhard Neumann in seinen „Ideenparadiesen" (1976) zum Startschuss einer transzendental deutschen Moralistik erklärt hat. Hegel wollte die aphoristische Höllenmaschine ja nicht entfernen, sondern sie zum dialektischen Motor des Erkenntnisfortschritts erheben : Aphorismen als missachtete, aber notwendige Arbeitssklaven des Weltgeistes? Nur das war für mich eines der Hauptmotive seines Idealismus. „Tiefer Geist" schluckt leeren Esprit? Hegel pries als Fortschritt die ganz „entfremdete Bildung" der Aufklärung, das „geistige Tierreich" ihres „zerreißenden Sprechens", die französischen Bonmots gegen alles und jeden, gegen alle substanzielle Tradition. Er verteidigte „unendliches Recht der zweifelhaften Subjektivität", aber gegens nur „eitle Individuum" der *romantischen Selbstironie*. Die unsystematische Aphoristik aus diesem systematischen Sklavendienst für Gesellschaftssysteme zu befreien, war für mich eines der Hauptmotive von Adornos Philosophie der „negativen Dialektik", der „Kritischen Theorie" seiner „Minima Moralia". Noch Wittgenstein lernte von Karl Kraus seine atomistischen „Elementarsätze". Eine marginalisierte Literaturgattung wurde zum philosophischen Treibsatz und zur „Phänomenologie des Geistreichen".

Das wurde zum Initialzünder für meine Beschäftigung mit dem Aphorismus, als Leser wie als Autor. Die Dialektik ist Hegels Versuch, die Einseitigkeiten von wissenschaftlichem Objektivismus und frühromantischem Subjektivismus zu überwinden, die in seiner Dialektik eine hochspannungsreich fruchtbare Synthese eingehen sollten. Ich verstand immer den Aphorismus als philosophischen Gehalt in poetischer Gestalt, als Gegensatz-Einheit von existenziellem „Bild" (à la Kafka) und essenziellem „Begriff" (à la Kraus), vielleicht bei Lichtenberg und Nietzsche modellhaft erreicht. Das geht für mich weit hinaus über den bloßen Feuilletonaphorismus, der zwischen seichten Gesinnungssprüchen und windigen Wortspielwitzeleien bis heute oszilliert.

Ich versuchte zu zeigen, wie wenig peripher der Aphorismus für die Geistesgeschichte (wie für mich) einmal gewesen ist. Um 1800 herum gewann die deutschsprachige Philosophie zwischen Kant und Hegel die Weltmeisterschaft, und der unscheinbar kleine Aphorismus spielte dabei eine zentrale Rolle als geistiger Katalysator und lebenswichtiges Spurenelement. Dieser Höhepunkt wurde weltweit seither nie wieder erreicht.

+ + +

„Gleichgültigkeit, Besserwissen und Neid sind die drei Grazien, die, wie das Leben jedes Strebenden, so auch das meine begleiten ... geradezu tragikomisch, mit welcher äußersten Nüchternheit solche Lebensarbeit hingenommen wird, am meisten natürlich von den Freunden. Neun von zehn lesen es überhaupt nicht; der zehnte liest es, schweigt sich aus und wartet mit seinem Urteil, bis die Kritiken gesprochen haben." *(Theodor Fontane, 1878)*